传承红色基因系列

主　编

辛向阳

执行主编

陈志刚

编委会

辛向阳　李正华　樊建新　杨明伟

龚　云　林建华　陈志刚　杨凤城　李佑新

永恒的丰碑

管素叶 武小平 季子正◎著

BAIQIUEN

白求恩

人民日报出版社

北 京

图书在版编目（CIP）数据

永恒的丰碑：白求恩 / 管素叶，武小平，季子正著．—北京：人民日报出版社，2025.8

ISBN 978-7-5115-8220-1

Ⅰ．①永⋯　Ⅱ．①管⋯　②武⋯　③季⋯　Ⅲ．①白求恩 (Bethune, Norman 1890-1939)－生平事迹　Ⅳ．① K837.116.2

中国国家版本馆 CIP 数据核字（2024）第 039723 号

书　　名：**永恒的丰碑：白求恩**
　　　　　YONGHENG DE FENGBEI:BAI QIUEN
作　　者：管素叶　武小平　季子正

责任编辑：周海燕　马苏娜
封面设计：元泰书装

出版发行：人民日报出版社
社　　址：北京金台西路 2 号
邮政编码：100733
发行热线：（010）65369509　65369527　65369846　65363528
邮购热线：（010）65369530　65363527
编辑热线：（010）65369518
网　　址：www.peopledailypress.com
经　　销：新华书店
印　　刷：大厂回族自治县彩虹印刷有限公司
法律顾问：北京科宇律师事务所　（010）83622312

开　　本：710mm×1000mm　1/16
字　　数：180 千字
印　　张：15
版　　次：2025 年 8 月第 1 版
印　　次：2025 年 8 月第 1 次印刷

书　　号：ISBN 978-7-5115-8220-1
定　　价：58.00 元

如有印装质量问题，请与本社调换，电话（010）65369463

总　序

传承红色基因　赓续伟大精神

人无精神则不立，国无精神则不强。习近平总书记在党史学习教育动员大会上指出："在一百年的非凡奋斗历程中，一代又一代中国共产党人顽强拼搏、不懈奋斗，涌现了一大批视死如归的革命烈士、一大批顽强奋斗的英雄人物、一大批忘我奉献的先进模范，形成了井冈山精神、长征精神、遵义会议精神、延安精神、西柏坡精神、红岩精神、抗美援朝精神、'两弹一星'精神、特区精神、抗洪精神、抗震救灾精神、抗疫精神等伟大精神，构筑起了中国共产党人的精神谱系。"① 在庆祝中国共产党成立100周年大会上，习近平总书记进一步指出："一百年前，中国共产党的先驱们创建了中国共产党，形成了坚持真理、坚守理想，践行初心、担当使命，不怕牺牲、英勇斗争，对党忠诚、不负人民的伟大建党精神，这是中

---

① 习近平：《在党史学习教育动员大会上的讲话》，《求是》2021 年第 7 期。

国共产党的精神之源。"① 革命理想高于天。以伟大建党精神为源头的中国共产党人的精神谱系，是我们党和国家红色基因的重要组成部分，已经深深融入中华民族的血脉和灵魂，成为鼓舞和激励中国人民不断艰苦奋斗、攻坚克难、从胜利走向胜利的强大精神动力。

中国共产党的党旗是红色的，中华人民共和国的国旗是红色的—红色是中国共产党和中华人民共和国最鲜亮的底色。红色基因是我们党的血脉和灵魂，是我们党的宝贵财富和精神力量。在革命战争年代，中国共产党人随时面临生死考验。第一次国共合作失败后，中华大地被白色恐怖笼罩，革命者血流成河，但是他们没有被腥风血雨吓倒。夏明翰身陷牢狱坚贞不屈，在给妻子的家书中发出"坚持革命继吾志，誓将真理传人寰"的豪迈誓言。1936 年，共产党员赵一曼在与日军作战中负伤被俘，面对敌人的严刑拷打，她宁死不屈，从容就义，年仅 31 岁。在抗美援朝战争中，时任志愿军某部连长的杨根思，坚守阵地，在危急关头，抱起仅有的一包炸药，拉燃导火索，纵身冲向敌群，与敌人同归于尽，生命定格在 28 岁……

回顾历史，100 多年来，我们党始终把为中国人民谋幸福、为中华民族谋复兴作为自己的初心使命，始终坚持共产主义理想和社会主义信念，遭遇无数艰难险阻，经历无数生死考验，付出无数惨烈牺牲，以"为有牺牲多壮志，敢教日月换新天"的大无畏气概，团结带领全国各族人民为争取民族独立、人民解放和实现国家富强、人民幸福而不懈奋斗，书写了中华民族几千年历史上最恢宏的史诗，创造了人类发展史上的伟大奇迹。习近平总书记强调："要深刻认识红色政权来之不易，新中国来之不易，中

---

① 习近平：《在庆祝中国共产党成立 100 周年大会上的讲话》，《人民日报》2021 年 7 月 2 日第 2 版。

国特色社会主义来之不易。"

把红色基因传承好，确保红色江山永不变色，是我们的历史责任和光荣使命。党的二十大的主题是："高举中国特色社会主义伟大旗帜，全面贯彻新时代中国特色社会主义思想，弘扬伟大建党精神，自信自强、守正创新，踔厉奋发、勇毅前行，为全面建设社会主义现代化国家、全面推进中华民族伟大复兴而团结奋斗。"党的二十大闭幕后不到一周，习近平总书记带领新当选的二十届中共中央政治局常委瞻仰延安革命纪念地，庄严宣示新一届中央领导集体赓续红色血脉、传承奋斗精神，在新的赶考之路上向历史和人民交出新的优异答卷的坚定信念。新时代新征程，我们要牢记"三个务必"，牢记红色政权是从哪里来的、新中国是怎么建立起来的、新时代伟大变革的成就是如何取得的，坚定道路自信、理论自信、制度自信、文化自信，坚定历史自信，增强历史主动，谱写新时代中国特色社会主义更加绚丽的华章。

"传承红色基因"系列图书，坚持以习近平新时代中国特色社会主义思想为指导，旨在从党的百年伟大奋斗历程中汲取继续前进的智慧和力量，讲好红色故事、传承红色基因、赓续红色血脉，坚定理想信念，为全面建设社会主义现代化国家、全面推进中华民族伟大复兴凝聚强大精神力量。

是为序。

辛向阳

2023 年 11 月 29 日

亨利·诺尔曼·白求恩，一位富有传奇色彩的伟大的加拿大籍国际共产主义战士。他的名字在中国家喻户晓；他为中华民族的解放事业和世界反法西斯斗争的胜利而献身，用生命在异国土地上书写出灿烂的人生篇章；他被中国人民视为心目中的英雄，长久地纪念，永久地怀念。

白求恩精神作为白求恩高尚思想品德的集中体现及升华，在中国人民心中，特别是卫生行业，已经形成一种风范、一种准则、一种传统。白求恩精神已经成为中华民族精神的重要组成部分。毛泽东同志在《纪念白求恩》一文中，号召广大共产党员要学习白求恩，做"一个高尚的人，一个纯粹的人，一个有道德的人，一个脱离了低级趣味的人，一个有益于人民的人"①。这一号召，至今仍是共产党员努力的目标、衡量的标准。

白求恩逝世80余年来，社会各界持久地开展学习白求恩的活动，举行了大量的纪念活动，号召以白求恩为榜样，学习白求恩精神，践行白求恩精神。历经80余载，白求恩精神历久弥新，其历史地位更加凸显，时代价值更加光芒四射。习近平总书记谈道："希

①《毛泽东选集》第2卷，人民出版社1991年版，第660页。

望大家做一个脱离低级趣味的人、高尚的人。同志们现在从事的是一项崇高的事业，在这里工作，升官发财请走别路，贪生怕死莫入此门。榜样是谁呢？张思德、白求恩、焦裕禄、麦贤得，有历史的楷模，也有时代的楷模。这些人都是在普通的岗位上，但他们有一颗金子般发光的心，我希望同志们的参照系就是这些楷模。"①

历史川流不息，精神代代相传。100余年来，中国共产党弘扬伟大建党精神，在长期奋斗中构建起中国共产党人的精神谱系，锤炼出鲜明的政治品格。中国特色社会主义进入新时代，我们要继续弘扬光荣传统、赓续红色血脉，永远把伟大建党精神继承下去、发扬光大。重温白求恩精神，阐释白求恩精神，学习白求恩精神，发扬白求恩精神，将为实现中华民族伟大复兴、构建人类命运共同体，提供更为主动的精神力量。

---

① 《习近平谈治国理政》第二卷，外文出版社2017年版，第193页。

第一章　白求恩的生平

第二章　关于白求恩精神的论述

第三章　白求恩精神的具体内涵

第四章　白求恩精神的历史地位

第五章　白求恩精神的当代价值

附录

第一章

白求恩的生平

亨利·诺尔曼·白求恩，加拿大共产党员，享誉欧美的胸外科专家。第二次世界大战期间，他为了帮助中国人民的抗战事业，不远万里来到中国，一直战斗在烽火连天的抗战前线，救治了大批伤病员，最终以身殉职。纵观白求恩同志的一生，从一名饱受家族精神熏陶的有志少年，成长为一名多才多艺的胸外科专家，最后定格为一名伟大的国际共产主义战士。正是在中国这片土地上，白求恩完成了他的使命，找到了他终其一生不断追寻的东西。他不知疲倦地投入到工作之中，救治所有需要救助的人。他的一生充满了传奇色彩，是光辉的一生、战斗的一生。他的英名家喻户晓，他的业绩彪炳青史，他的精神光照人间。白求恩虽然离开我们 80 多年了，但他的先进事迹、伟大人格和不朽精神，直到今天仍是我们学习的榜样。

第一节　有志少年与家族精神的传承

加拿大真正进入现代文明的视野已经是 16 世纪之后的事情了，与 400 年后的变革相照应的是，这片未知的土地也承载着许多来自旧世界人们的希望。在广袤而破碎的东海岸的一角，一支移民自法国的苏格兰人的家族，从大西洋彼岸的斯开岛迁移至此。

蒸汽轮船停靠在码头的那刻，跟随时代奇妙脚步的人们，面对着眼前这片富饶而神秘的土地，注定要把这种冒险与拼搏的精神传递下去。

家族的后裔们，不负期望地创造了一段段传奇的历史：英国国教的主教、加拿大麦吉尔大学的校长……这份与历史相伴的名单中，因为一个人的出现而使家族的名字为一个拥有世界 1/5 人口的国家所家喻户晓，他就是亨利·诺尔曼·白求恩。

一、冒险探索的家族精神

白求恩出生在一个有传奇历史的家族。16 世纪中叶，他们从法国移民到苏格兰，在苏格兰繁衍生活的 200 多年里，造就了很多医生、教师、牧师等社会精英。18 世纪，他们家族中的一支从苏格兰西北的斯开岛迁移到加拿大定居。白求恩家族定居加拿大后，曾经出现过三位著名的人物：一位是英国国教的主教，一位是加拿大麦吉尔大学的校长，另一位就是白求恩的祖父诺尔曼·白求恩，多伦多杰出的外科医生、多伦多大学医学院创始人之一。

老诺尔曼的父亲安格斯·白求恩和他的祖父约翰·白求恩，都是他们所处时代的缩影。这对父子，一位是基督教"胡格诺派"的牧师，一位是垄断北美皮毛交易的西北公司的职员。作为家族的族长和"胡格诺派"教徒，约翰·白求恩做出了一个充满风险和挑战的决定——他带领着家族的一支漂洋过海，在北美的蒙特利尔港创建了当地首家苏格兰长老会。这一举动在天主教和新教激烈对抗的当时，无异于走上了战场的第一线。

个人品性的养成与家庭教育密切相关，出生在这样一个家庭中的老诺尔曼·白求恩即使在家族中也是成就显赫，而他也是对白求恩的性格和职业选择影响最大的一位长辈。1850年，他和6名年轻医生组成的教师小组，筹建了一个英国国教派的医学院。医学院解散后，老诺尔曼到多伦多医学院任教。之后他又接受英国皇家外科学院的奖学金，到爱丁堡去学习。他在那里住了9年，和当地人詹纳脱·安·尼科尔森小姐结了婚。这一年，老诺尔曼·白求恩担任了"三一学院医学院"院长。

1859年6月，索尔费里诺战役爆发，意大利掀起了第二次独立浪潮。国际红十字会创办人、1901年首届诺贝尔和平奖的获得者让·亨利·杜南，在他的《索尔费里诺回忆录》中记载了老诺尔曼·白求恩当年不远万里志愿参加索尔费里诺战役战地救护的事迹："一个外科医生，英裔美国人，诺尔曼·白求恩，是来自加拿大多伦多的一位解剖学教授，他专程从施特拉斯堡赶来帮助那些忠于职守的人们。"[①]老诺尔曼·白求恩当之无愧是国际红十字运动的先驱。

老诺尔曼自由大胆、不甘平庸品格的直接继承人就是白求恩的父亲，马尔科姆·尼科尔森·白求恩。马尔科姆是家中的第二个孩子，喜欢旅行的他从加拿大学院毕业之后，借着从事经营皮货生意的机会开始了一次环球旅行，然而桀骜不驯的他却在半途中和船

---

① [瑞士]亨利·杜南：《索尔费里诺回忆录》，杨小宏译，社会科学文献出版社2009年版，第71页。

长发生了争执，随即在澳大利亚下了船，在当地从事养牛羊的畜牧业。

或许是上天希望给这位浪子一个回头的机会，在澳洲创业失败的马尔科姆来到了风情万种的夏威夷。蔚蓝如洗的天空之下，千姿百态的绿植点缀着洁净绵软的沙滩，清爽的海风轻抚着这位焦躁的青年。"夏威夷"的意思是"家园"，正是在这里，他遇到了英国长老会传教士的女儿伊丽莎白·安·古德温小姐。两人确定关系后，古德温小姐说服了马尔科姆放弃在夏威夷种植桔林发财致富的念头，改信自己祖先的教派，回到多伦多从事传布基督福音的宗教职业。

二、宽厚包容的家庭环境

1888 年，马尔科姆夫妇的第一个孩子珍妮特出生了，也是在同一年，受妻子影响的马尔科姆进入了专门培养牧师的诺克斯神学院。从此，他确立了毕生从事宗教事业的决心。在马尔科姆被任命为牧师后，全家搬迁到安大略省北部的小镇格雷文赫斯特，他在那儿初次担任牧师的职务，也是在这个美丽的小镇马尔科姆夫妇生下了他们的第二个孩子亨利·诺尔曼·白求恩。马尔科姆夫妇一生育有三个孩子，一个女儿，两个儿子。白求恩是长子。

白求恩家族主要成员 ①

祖 籍	苏格兰，再上溯是法国
高祖父	约翰·白求恩 (John Bethune，1751–1815 年)，牧师
高祖母	薇洛妮克 (法语：V é ronique)
曾祖父	安格斯·白求恩 (Angus Bethune，1783–1858 年)，Hudson's Bay Company 公司的创始人之一
曾祖母	安妮·路易莎·麦肯齐 (Anne Louisa Mackenzie)，皮革商人之女
祖 父	诺尔曼·白求恩 (Norman Bethune，1822–1892 年)，医生，多伦多大学医学院创始人之一，国际红十字运动的先驱之一
父 亲	马尔科姆·尼科尔森·白求恩 (Malcolm Nicolson Bethune，1852–1948 年)，长老会牧师
母 亲	伊丽莎白·安·古德温 (Elizabeth Ann Goodwin，1852–1948 年)，长老会传教士
妻 子	弗朗西斯·坎贝尔·彭尼 (Frances Campbell penny)，富家小姐

成为牧师之后的马尔科姆正直无私，虔诚布道，深受人们的尊敬。他认为唯有符合他的基督徒生活准则的地方，才是他布道的地方，所以他总是去人们需要他的地方当牧师，白求恩一家也因此经常搬家。尽管从小经历不安定的生活，但是白求恩并没有因此变得敏感脆弱，相反，父母热情待人、救死扶伤的品格和虔诚的基督教家庭氛围，对白求恩产生了重要的影响。年幼的白求恩很早就明白，父母之所以不停地搬家，是为了竭尽所能帮助那些需要帮助的人，他为自己的父母感到骄傲。

白求恩的父母有着博大无私的胸怀，常常关心身边的人。曾有一位邻居家不幸遭受火灾，白求恩的父亲一面到邻居家里劝慰，一面动员镇上的人们为这个家庭捐献食品和衣物，还组织了一批青壮年为邻居修建了新房；而白求恩的母亲则把邻居的两个孩子接到自

① 华树成、佟成涛：《白求恩精神研究丛书·寻根白求恩》，吉林大学出版社 2019 年版，第 17 页。

己家里，和白求恩姐弟同吃同住，一直到他们的新家建成。从父母的工作和言传身教中，白求恩学会了友善待人、包容宽厚，对爱有了深刻认识，这些深深地影响了他的一生。有一次，白求恩看到一个在寒风中战栗的穷人，他主动把自己短小的大衣披在穷人瑟瑟发抖的身上。直到父亲从家里找来一件旧大衣送给那个人，他才放心回家。还有一次，9岁的白求恩和小伙伴们在湖面上滑冰，一个小伙伴不小心掉进冰窟窿里，只剩两只胳膊扒着冰沿，大声喊着"救命"。白求恩奋不顾身地扔掉手里的冰鞋，冲过去，趴在冰面上，双手紧紧抓住他的伙伴，不让他再往下沉。直到几个大人赶了过来，才将他俩救了起来。事后，人们对白求恩舍身救人、临危不乱的精神连连称赞。

日常生活中，白求恩在父母的宽厚包容下，也懂得分享。白求恩一家聚在一起吃饭的时候喜欢玩一种识字游戏。哪个孩子能正确地念出一个生词，并且说出生词的意思，就会得到5分钱作为奖励。通常总是诺尔曼得奖，但他总是把得到的钱跟姐姐和弟弟平分。正是因为幼年时期就开始的这种熏陶，在白求恩内心播下了仁爱的种子。良好的家庭氛围，培养了白求恩独立、自信、勇敢、创新的品格，培养了白求恩坚强的意志和品质。

三、好奇执着的童年性格

谁也没有想到这颗种子今后会开出一朵怎样灿烂的花来。

按照父母的期待，从小就活泼、勇敢的白求恩应该继承自己的事业，成为一名传播福音的牧师。但令他们意想不到的是，年幼的白求恩选择了其祖父的职业——医生。

当8岁的白求恩郑重宣布他将拥有和祖父一样的名字"诺尔曼"，还把祖父的外科医生钢制名牌挂在自己卧室墙壁上的时候，父母对他的决定不但没有横加干涉，反而充满了理解、包容和尊重。执着、勇敢、自信的白求恩沿着祖父的路走出了一条相似却又完全不同的轨迹。

从童年时代开始，白求恩就对周围的一切表现出强烈的好奇。在他只有四五岁的时候，就在家里给自己发明了一种搬动家具的游戏。父母不但没有认为这是淘气捣乱，反而表现出了极大的宽容和耐心。六七岁的时候，全家搬迁到多伦多市。大都市车水马龙，害怕迷路的孩子，都会紧紧跟住家长。但白求恩却被眼前的景象深深地迷住了，他决定把周围的新环境好好地了解一下。就在他和母亲上街的时候，趁着母亲不留神，他悄悄溜走了，在多伦多的大街小巷，一个人自由自在地游逛起来。母亲发现白求恩不见了，万分焦急，连忙请街头巡逻警察帮助寻找。当几个小时后，警察和母亲询问他怎么回事时，他满怀兴奋的回答让在场所有的人都惊诧不已："我想知道迷了路是什么滋味。我就走到警察面前告诉他我迷路了。这真好玩。"[1]

随着白求恩慢慢地长大，他的好奇心表现得更加突出。捉蝴蝶这种孩童的消遣，也被他变成了一种冒险。他似乎不知道什么是

---

[1][加]泰德·阿兰、塞德奈·戈登：《手术刀就是武器——白求恩传》，巫宁坤译，上海文艺出版社2005年版，第12页。

害怕。有一次在郊外，他看到一座小山的悬崖顶上有一只很好看的蝴蝶，就领着弟弟往上爬。爬到一半的时候，路太难走了，他便叫弟弟在那儿等他。他借助着石头、树根、灌木向上攀爬，山上还不时有小石块滚落，弟弟在下面吓得大喊大叫。白求恩下来的时候，衣服已经蹭破，身上还被划伤了几道，但手里依然牢牢抓着那只蝴蝶。他气喘吁吁地对弟弟说："首先是捉蝴蝶的过程，可以锻炼我们的勇气，然后才是能否捉住蝴蝶。"

有一天下午，屋子里突然溢出了刺鼻的气味。母亲一直找到阁楼上，才发现白求恩正聚精会神地从他刚煮过的一条牛腿上，细心地把肉切下来。"诺尔曼，你在干什么？"她吃惊地问他。白求恩认真地告诉母亲："我在把肉弄下来，这样便于察看骨头。这些骨头可是很好的标本。"母亲只好走开，她不想打断儿子的"科学研究"。后来，母亲还发现小白求恩把那天剔过肉的牛骨头放在后院的篱笆旁边晾晒。从那时起，白求恩就已开始"钻研医学"，并以"诺尔曼医生"自居了。

第二节　进步青年与外科医生的成长

有人说，白求恩不仅是一名优秀的胸外科医生，"也是一个画家、诗人、军人、批评家、教师、演说家、发明家、医学著作家兼理论家"。白求恩的多才多艺与他丰富的成长经历是分不开的。

一、梦想与现实的交织

在白求恩的青少年时代，加拿大成了欧洲大陆资本家迁移的主要目的地，大批移民从英国、中欧和东欧来到加拿大。"西进运动"带来的不仅是人力和技术，达尔文的《物种起源》也走进了白求恩的课堂。实际操作了无数次的解剖，竟然可以引导出这样激动人心的理论！白求恩被这种"进化论"思想所吸引，然而这一次，父母却不再那么宽容。在这场科学与宗教的较量中，白求恩选择了真理，与父母针锋相对。

马尔科姆夫妇向上帝抱怨着家中发生的不幸，一直以来信奉《圣经》、以传教布道为己任的他们，无法接受达尔文的进化论对基督"创世记"的反对，同样地，也无法接受白求恩对家庭宗教氛围的挑战。母亲将福音书夹进孩子的课本里，孩子就把《物种起源》塞进母亲的枕下。

随着年龄的增大，白求恩迎来了人生中第一次重要的抉择，是跟随祖父的脚步，坚定不移地走向科学，还是顺从父母的意愿，向上帝献出自己的虔诚？显然，真理与信仰的交锋并没有动摇白求恩走向科学的决心，他立志要成为的是一个无愧于"诺尔曼"这个名字的医生。

由于家庭原因，白求恩早期奔波于许多城市的不同学校，最后在多伦多的杰斯·凯察姆公立学校和欧文桑德城的高级中学毕业。

1909 年，他进入多伦多大学，选修生物化学和生理学等课程，为成为一名医生做准备。大学生活对白求恩来说是一个新的起点。自此，白求恩正式走上医学道路，同时思想上也开始有了新的追求，尽管这种追求与父母的期望迥然不同。

自白求恩 1909 年 10 月赴医学院报到开始，十余年间他对知识的渴求从未停止过。他努力汲取着专业知识，丰富着自己的知识结构，而这些都成为他日后在医学海洋里前行的动力。他选择的道路并不平坦，除了来自信仰的压力，还需要面对更现实的问题：家庭的经济状况有些难以为继了。为此，白求恩开始了自食其力的日子——食堂招待员、轮船烧火工，却只能维持半工半读的生活。在这样的过程中，白求恩广泛地接触到了社会的真实面目，特别是和伐木工人一起工作生活的日日夜夜，给他留下了极为深刻的印象。1911 年的秋天，白求恩读完了大学二年级课程，作为多伦多工人教师协会招聘的教师，他来到安大略省北部的维多利亚木材公司的劳动营地，在那里待上了整个冬天。白天，他和工人一起劳动；晚上，他就教工人学文法、算术和唱歌，还替工人写家信。伐木工人的工作是繁重的，生活是艰苦的，报酬是微薄的，但是白求恩的内心充满了欢乐。他在给朋友的信中写道："我感到有点辛苦，腰酸背疼，手上起了泡，但我爱这种工作，我相信今后我会更加热爱它。"以至于在次年 3 月，他回到多伦多大学继续学习医学时，每当回想起当伐木工人的那些日子，他仍感慨不已，并感激这次体验带给他的收获。他说："经过那些日子，青年人的轻浮在我身上显著减少，我学会思索'社会'这个字眼了。"他把同伐木工人的合影挂在自己家里最明显的地方，高兴地说："他们是我最好的朋友。"

1916年，白求恩从多伦多大学医学院毕业，获学士学位。1922年，他被英国皇家外科医学会录取为会员。1923年，他成为英国皇家外科医学院的临床研究生。

1926年9月，就在白求恩即将在医学领域施展拳脚的前夕，这位立誓与病魔做一生斗争的勇士，却不幸患上了被称为"白色瘟疫"的肺结核病。苦难是生活的必修课，这一次患病的经历引发了他对于生命的思考。

以当时的医疗技术，没人能够保证白求恩一定可以痊愈，他决心绝不屈服于噩运。1926年12月16日，罹患肺结核的他住进了特鲁多疗养院。在这里，他并不认同传统的"休息疗法"，拒绝医生要他"静止"的命令，并开始琢磨新的疗法。不久后，在疗养院的图书馆中，他在一份医学资料里意外地发现了一种新的疗法，即用抽去一部分肋骨或是注入气体"人工气胸"的手段，通过压迫患有结核的肺叶使之停止工作，从而实现痊愈。摆脱病魔、重获新生的渴望促使他勇敢地接受了全新的疗法，并奇迹般地康复了。生病期间病痛的折磨唤起了白求恩强烈的战胜病痛的斗志，他亲身感受到了患者承受病痛时所受的折磨，也增强了对生命和医学的职业责任感。他意识到："任何治疗肺结核的办法，如果不把人看作一个整体，看作环境种种压力之下的产物，就非失败不可！"

从那以后，白求恩开始了对医学高峰的攀登。1929年到1936年是白求恩在专业领域崭露头角的黄金期，他拼命地学习工作，并同一切有偏见、漠不关心病人群体疾苦的陈腐思想做斗争。1928 年初，从英国皇家外科医学院毕业回到加拿大的白求恩，成为爱德华·阿奇博尔德医生的第一助手，后者是麦吉尔大学皇家维多利亚医院加拿大胸外科开拓者。在长期的医学实践中，白求恩从不满足于自己的学识和技术，幼年养成的勇敢精神此刻开始展现出来。白求恩认为应当以先进的科技成果为根据，向外科手术的技术提出新的要求。他大胆改革旧的胸外科医疗器械，发明以他名字命名的"人工气胸器""肋骨剪""肋骨剥离器"等，成为著名的胸外科发明家、改革家。这个时期，白求恩发明、改进了 12 种医疗手术器械，发表了 14 篇有影响力的学术论文。白求恩的名字以及他发明的器械，在整个美洲大陆的胸外科同行中流传开来。

二、进步青年的沉思

在医学之外，白求恩的兴趣也十分广泛，他曾创作了许多作品，其中就包括长达 20 米的系列画卷《一个结核病人的历程》。在这幅画卷中白求恩勾勒了一个人从生到死的具有讽喻意义的戏剧般的人生。我们仿佛看到了他童年抵御各种疾病的痛苦，年轻时经受名誉、财富、爱情诱惑时的迷茫，染上结核跌入深渊的绝望，再次受名利所累时的无助，最终遭遇死神威胁时的无能为力。油画《午夜急诊》展示了一名外科医生和助手们在空旷的手术室中围在病人身边的场景，这幅展示医学人文素养的画作曾在画展上获奖。白求恩意识到，仅依靠外科技术的发展不足以战胜结核病，了解到大众媒介的传播优势后，他希望借助大众媒介，普及结核病症状和治疗知识，为此他创作了广播剧《病人的两难抉择》。

白求恩曾说："艺术家的作用是扰乱人心，他的责任是唤醒沉睡的人，动摇世界上自满的人。在害怕改变的世界里，他鼓吹革命——生活的原则。他是一个煽动者，一个扰乱和平表象的人——急躁、缺乏耐心却又积极、主动。他富有人类灵魂中的创造精神。"[①]对艺术的热忱，赋予了他广阔的人生方向和对医学事业的激情，也赋予了他对社会疾苦感同身受的能力。

在白求恩广泛的医疗实践中，他发现穷人没钱治病，发现同行中的有些人因为穷人没钱而拒绝为他们诊治。他模糊地意识到真正让疾病在大地上肆虐的不是病毒或细菌本身，而是那些更加让人看不见的丑陋可憎之物。如果连医生眼中的病人都是不平等的，那么还可以从谁的眼睛里看到平等呢？

社会问题使得白求恩百思不得其解，这已经不是他所学的生理学、病理学等一切医学教科书可以给出答案的了。意识到自己知识的浅薄，他急切地渴望吸收新知识来解答关于社会问题的疑问。比少年时期关注的"进化论"更"危险"的东西，有民主、独立，工人阶级、资产阶级，社会主义、共产主义，民族主义、爱国主义，雇主、失业、罢工。他在每一个概念下面写上定义，然后记录事实，对比不同政治派别对同一概念的理解和争议的焦点。他以一个医务人员对待病例那样的彻底精神工作，试图弄清造成社

---

① 华树成、佟成涛：《白求恩精神研究丛书·寻根白求恩》，吉林大学出版社 2019 年版，第 55 页。

会病态的种种因素。当别人问他是否要成为共产主义者的时候，他则旗帜鲜明地回答："我还不清楚共产主义者究竟是什么样的人。我可知道这一点：照共产主义者的说法，他们不是反对共产主义的人所说的那种人，反过来也一样……如果把凡是不肯同流合污的人都称作'共产主义者'的话，那么你一定得把我算作红色分子中最红的一个。"①

随着思考的越发深入，白求恩越发坚定了共产主义信念。白求恩走到蒙特利尔的失业工人协会，他表示，"我是医生，你们把受伤的男女送到我这里来，我一律免费给予治疗"。白求恩从工人中接触到新的思想、新的信息和新的理想，他的眼界顿时开阔了许多。这群自称社会主义者、共产主义者的人，拥有对社会现象的惊人洞察力，像高明的医生分析病例一般透彻而明确地阐明资本主义制度的弊病；他们对人类的未来发展充满着信心，憧憬着新世界的建成，他们以列宁、斯大林领导的第一个社会主义共和国作为自己的理想；他们有着共同的理想和信念，他们之间充满了温暖和友爱，但又具有自我牺牲的伟大精神。白求恩与工人相识，并建立了友谊，工人们热情地称呼白求恩为"同志"，这使白求恩感到非常兴奋。他高兴地说："我可找到了这样的人，不过不是让他们跟我走，而是我和他们一起奋斗。"他在日记中写道："他们送给我一个新的名誉学位：我现在是医学博士、皇家外科医学会会员，同时也是'白同志'。这是一个光荣的称号。我觉得我已经踏上了一条

---

① [加]泰德·阿兰、塞德奈·戈登：《手术刀就是武器：白求恩传》，巫宁坤译，上海文艺出版社2005年版，第95页。

新的道路了。"①

第三节　共产主义战士与国际援助

　　然而白求恩所处的时代，并没有比他祖父所处的那个时代更加和平。15 世纪开始在欧洲上空升起的光辉随着先后两次世界大战黯然消去，一个个被称为现代文明的帝国在资本的扩张中给文明和世界带来了巨大的劫难，也影响到白求恩的家乡。

一、远征欧洲

　　为了争夺海外利益，在欧洲这样一个世界中心继续划分出话语权力的高低，欧洲分裂成了两个阵营。1914 年，世界大战爆发后，加拿大政府为了讨好宗主国英国，也向欧洲派遣了远征军。尽管当时白求恩再有一年就取得博士学位了，但是初出茅庐的他立即决定放弃学业报名参军，担任加拿大第一师团战地救护队的担架员。他随军东进，经过大西洋，到英国，到法国，又到比利时。

　　那时的白求恩还未在医学领域施展拳脚，虽然对社会问题有过思考，但他哪里能够看清政治家们慷慨激昂的演讲背后的肮脏

①[加]泰德·阿兰、塞德奈·戈登：《手术刀就是武器：白求恩传》，巫宁坤译，上海文艺出版社 2005 年版，第 98 页。

目的，那熊熊燃烧的火焰正灼烧着人民滴着血的皮肉。在他的心目中，大西洋的那边，是风光旖旎的法兰西，是富丽堂皇的宫殿、教堂和凯旋门，他怀着和其他青年一样的好奇，穿上军装，被冰冷的舰船载向那个人间地狱。

在法兰西的战场上，他从所见所闻中开始对这场战争产生了朦胧的怀疑，他苦恼，甚至有些后悔。他日夜在枪林弹雨中穿梭，从前线的战壕里抬回一具具血肉模糊的身体。圣母院的钟声淹没在终日轰鸣的炮火里，白鸽早就不见踪影，硝烟弥漫的时候，甚至抬起头都看不清天空的颜色。这是一场人类的互相屠杀，整个欧洲都被拖入了泥潭和血泊。

白求恩在日记中绝望地写下："这场屠杀已经开始使我感到震撼。我已经开始怀疑这是不是值得？在医疗队里，我看不到战争的光荣，只看到战争的破坏。"①

在一次战斗中，一颗霰榴弹在白求恩的身边爆炸，他的左腿被炸伤，骨头已经清晰可见。这一次轮到他自己被担架员抬离战场。这不是什么意外，只要战争不停止，就一定会有这一天。他的身体因为失血过多变得非常虚弱，于是在法国和英国的医院里躺了6个月后，他被遣送回国，在多伦多继续上学。

完成学业后，为了担起医生救助伤病员的职责，白求恩又回到了战场。他先是报名了英国海军，在军舰上担任军医，后来又请求调到驻法国的加拿大航空队。德军投降的时候，白求恩也在巴黎。

---

① 章学新：《白求恩传略》，福建人民出版社1984年版，第10页。

　　庆祝的烟火装饰着巴黎久未清朗的夜空，人们欢呼着灾难的过去，期待着战后和平的日子，白求恩却和朋友们坐在街边的小酒馆里叹气。这些听从了祖国号召的年轻人被战争掠走了青春，他们陷入了迷惘之中，不知道将来究竟该遵循怎样的道路前进，理想的背后充满了陷阱与危险，虚伪和谎言充斥着战后的世界，人们用鲜血换来的短暂和平里，埋藏着无数罪恶的萌芽。

　　第一次世界大战后期，在帝国主义链条最薄弱的苏俄发生的十月革命取得了胜利，但新生的苏维埃却遭到西方资产阶级大肆攻击。白求恩在回顾这段生活时写道："我象（像）一只对着一盏灯乱扑翅膀的飞蛾，晃得头昏眼花，糊里糊涂地转圈子，生活没有目的，死也没有目的。"[①]

　　第一次世界大战使白求恩对战争的性质产生了怀疑，战争究竟是给人们带来了解放与和平，还是无休止的病痛与心理创伤？战后白求恩继续学习医学，宿舍是他的研究室，医院、诊所则是他的实习基地。1922 年 1 月，白求恩到英国爱丁堡参加了皇室外科学会会员考试，2 月 3 日即被选为这个享有盛名的学会的会员。1923 年 8 月，白求恩与来自英国爱丁堡的弗朗西斯·坎贝尔·彭尼结婚。1924 年，白求恩在美国底特律定居开诊。1926 年白求恩毕业于多伦多大学，同年被聘为底特律医学院药物学讲师。他原本可以就这样在加拿大成为一位著名的医生、学者，但是 1935 年一次外出访问的经历却彻底改变了他的一生。

---

① 章学新：《白求恩传略》，福建人民出版社 1984 年版，第 11 页。

那是 1935 年夏天，白求恩作为正式代表参加了在列宁格勒召开的国际生理学大会。他在苏联待了两个月，在此期间收集了大量关于苏联的书籍，其中包括医学论文等。苏联的巨大变化，让白求恩感慨万千。他认为："一个新的试验正在古老的俄罗斯土地上进行着，它将对全世界人们的生活方式产生深远的影响。"[1] 白求恩从苏联回国后就宣传在苏联的见闻，盛赞社会主义制度，批驳帝国主义对苏联的攻击和污蔑。他很有针对性地指出："俄国的今天，呈现着地球上自宗教革命以来人类的进化、新生和英雄气概的最令人兴奋的景象。否认这个，就是否认你对人类的信心"[2]。

白求恩找到了人生道路新的起点，他坚信社会主义的苏联正是现实中活生生的榜样。从苏联回国后，白求恩参加了马克思主义小组，积极与加拿大共产党接触。1935 年 11 月，白求恩迎来了人生当中的一个重大转折，他加入了加拿大共产党。

二、奔赴西班牙

1935 年，白求恩被选为美国胸外科学会会员、理事。1936 年 7 月，希特勒与墨索里尼狼狈为奸，在西班牙提前进行了战争实验。德、意法西斯对西班牙的武装干涉，是对正义的漠视与侮辱，这一举动激起了广大共产党人与和平爱好者的愤怒，人们决心要用生命来捍卫和平与自由。

---

[1] 章学新：《白求恩传略》，福建人民出版社 1984 年版，第 35 页。
[2] 章学新：《白求恩传略》，福建人民出版社 1984 年版，第 37 页。

"时代强迫着我们做残酷而且不能挽回的决定。"在日记中写下这样的话语后，1936 年 10 月 24 日，白求恩毅然辞去圣心医院胸外科主任的职务，登上"英国皇后号"邮轮，驶向大西洋彼岸的西班牙。他走得那样坚决，以至于即便他能够知晓之后的命运，也绝不会放弃。这位已经 46 岁的中年人，在经历了残酷的第一次世界大战之后，不愿再看到善良的人们在血与火中痛苦地挣扎，这是他的责任，也是他的使命。

11 月 3 日，西班牙首都马德里正经历着一个寒冷阴雨的早晨，德、意法西斯向这座城市投下了无数的炸药，坍塌散落的碎石瓦砾被风扬起，裹挟着空气里刺鼻的硝烟气味扑面而来。仇恨与阴谋在这片土地上已经无须遮遮掩掩，它们随时都可以向着四周蔓延开去。整整 37 天了。死一般寂静的街道上，突然传来了一阵急切的脚步声。"请您尽快带我去看看城里现在还能接收病人的医院，我需要了解伤员的状况！"

抵达马德里后，白求恩很快找到了加拿大《新联邦》报驻马德里的记者亨宁·索伦森，并由他做向导和翻译，巡视了城里还在运转的几个医院。从毕加索的画作中我们可以想象白求恩当时看到的是一番怎样的景象。随后，白求恩和索伦森一起来到战地指挥部，见到了当时负责救护工作的主任医官欧文·吉西。白求恩直截了当地把话切入正题："据我了解，大量的伤员都是在战场上或是在转移到后方的过程中失血而死的，即便侥幸到了后方医院也会因为出血过多或是休克，经不住手术而死亡。所以现在最主要的问题是如何尽可能地在前线就地施行输血，提高伤员的存活率。""你有什么主意吗？"吉西急切地望着白求恩，他早在旁人那里听说过眼前这位来自加拿大的不寻常的医生。"我提议组织一个战地输血队。向后方城市里的志愿者收集血液，然后妥善储藏，直接送到前线的各救护站和战地医院。"白求恩胸有成竹地说。吉西沉思了一下，抬起头说："这样做困难很大。""但非常必要！"白求恩语气坚决。[①]

白求恩没有食言，12 月 6 日清晨，离开不过一个月时间，他就从伦敦随着一辆装满医疗器械和药品的车赶了回来。战地输血队随即成立，人员共有 25 名，负责的区域是一条长达 400 里的战线。

献血的工作进展得很顺利。汽车在颠簸的公路上摇晃着，每一次猛烈的摇晃都仿佛是炮弹落在了车旁，然而只要车子还在前进，工作就不能停止。白求恩一边双手护着储藏血液的容器，一边焦急地查看着窗外的状况。当汽车在救护站前停下时，白求恩总是迅速地跳下来检查伤员的情况，并对那些需要输血的伤员展开治疗。

流动输血站，一个多么冒险的想法！这里可是战场！但是在困难面前，白求恩没有退缩，他用实际行动证明了流动输血站的可行性。他说服了卫生组织的负责人和持异议的同志，载上马德里人民自愿献出的血浆，开赴前线。哪里战斗最激烈，流动输血站就开往哪里。就这样，白求恩创造了战地医疗史上崭新的纪录。一直到后来的第二次世界大战，交战双方仍然采用白求恩创造的流动输血站方法。对于白求恩这一创举，宋庆龄曾撰文盛赞："白求恩是第一个把血库送到战场上去的医生，他的输血工作曾为西班牙共和国挽

---

① 章学新：《白求恩传略》，福建人民出版社 1984 年版，第 46 页。

救了数以百计的战士的生命。"①

白求恩觉得这样还不够。经历过前线的白求恩知道，对于眼下的紧急状况而言，西班牙人民最缺少的还是战斗用的武器。于是他又主动申请接受了到北美大陆募捐的任务，并于1937年5月18日启程回国。他从美洲东海岸的多伦多开始，一连7个月，在加拿大和美国往返奔波，到访许多城镇，在上万人的大会上公开演讲，向听众描述正在西班牙战场上发生着的罪行，飞机的轰炸、城市的破坏、在公路上流浪的孤儿、在海岸线旁拖儿带女的难民，白求恩揭露法西斯主义的暴行，赞扬各国人民在西班牙浴血奋战的英雄壮举，谴责英、美政府虚伪的"不干涉"政策。

"（在）火线上的城市，一面工作，一面和大门口的法西斯军队作战。而有人却把法西斯的暴行描绘成是把这个国家从'共产主义的威胁'之下拯救出来，这不仅是卑鄙的谎言，而且是蓄意的恶毒的疯狂行为。希特勒曾经以把德国'从共产主义的威胁下拯救出来'为借口，使整个德国充满了集中营的恐怖和残忍，把世界上闻所未闻的可怕的暴政加在人民身上，现在他仍在谩骂'共产主义威胁'，而他的炮口已经对准着欧洲各主要的非共产主义国家的领土。让我们不要再上'反对共产主义'这个骗局的当吧，这是我们这一时代的弥天大谎。"②

白求恩锋利的言辞戳破了英美所谓"不干涉"的虚伪，深刻揭

---

① 中国白求恩精神研究会编：《白求恩纪念文集》，生活·读书·新知三联书店2018年版，第18页。
② 章学新：《白求恩传略》，福建人民出版社1984年版，第48~49页。

露了战争的发起者和旁观者的罪恶本质，激起了加、美正义人民对侵略者的愤怒和对西班牙人民的崇敬。支援西班牙人民的正义斗争，成了人们的共同心声。

从 1936 年 10 月 24 日离开魁北克城乘船赴西班牙，到 1937 年 6 月 7 日返回北美大陆，白求恩在西班牙战斗生活了 8 个月。他与马德里的同行们一起抢救伤员，奋战在前线，单他个人就参加输血手术 700 多次，挽救了 500 多名战士和国际志愿者的生命。在欢送他回国的简单仪式上，西班牙军队医务局的代表、政府官员和输血队的代表都赞扬了白求恩的战地输血技术，该技术能使伤员得到及时的救助，伤员死亡率大为降低。白求恩是世界上第一个把血库带到战场的医生，他为世界反法西斯斗争贡献了自己的智慧和力量。

第四节　"一个纯粹的人"与中国抗战

中国，这个有着悠久文明的国家，在近代历史的进程中被肢解得支离破碎，备受欺凌。脚踏下去，何处不是中国；但放眼望去，又有几处还是中国？1937 年 7 月 7 日，驻华日军悍然发动七七事变，在《田中奏折》和《对华政策纲领》明确战略目标后的第十年，日本帝国主义发动了全面侵华战争。

一、不远万里来到中国

从西方到东方，法西斯已经开始联合行动，国际政治局势云谲波诡。消息传到西方，还在为西班牙反法西斯战争而奔波的白求恩又将关切的目光投向中国，他开始关注这个东方古国的现状。1937年7月30日晚，在美国洛杉矶医疗局举行的欢迎西班牙人民之友宴会上，白求恩与一位戴着圆框眼镜、温文尔雅的中国男人交谈甚久。白求恩很早就听说过陶行知的名字，知道他为了自己国家四处奔走呼号的行动。从陶行知处白求恩得知了中国抗日战争的形势和希望得到国际友人援助的请求，白求恩当即答应，愿意到中国去。

1938年1月8日，"亚洲女皇号"邮轮离开了温哥华港，向辽阔无垠的太平洋前进，它的目的地是香港。此时元旦刚刚过去，加拿大的民众们还沉浸在假期的余兴中，在码头向亲友告别的人群挥动着手中的丝巾。这里是加拿大西部最大的港口，以温哥华为起点越过太平洋是通向亚洲最短的航道。和白求恩同行的有护士琼·尤恩和医生帕森，年轻的护士曾在中国山东省的一家教会医院工作过，懂汉语，既可以做助手，又是他的向导和翻译。

白求恩站在"亚洲女皇号"的甲板上，太平洋的海风吹乱了他花白而稀疏的头发，使他的额头显得更加宽阔，随风卷起的波涛勾起了他无限的思绪。1937年12月，南京沦陷，侵华日军在南京制造了骇人听闻的大屠杀。在西班牙发生过的暴行，在中国的土地上再次上演，甚至更加恶劣。白求恩倚着船栏眺望远方，那是太阳沉落下去的方向，在那里，一个文明正被扼住咽喉，快要窒息。

　　想到这，白求恩离开了甲板，给他的妻子写了一封信："我拒绝生活在一个制造屠杀和腐败的世界而不起来加以反抗。我拒绝以默认和忽视职责的方式来容忍那些贪得无厌的人们向其他人们发动的战争……西班牙和中国，都是同一战争中的一部分。我现在到中国去是因为我觉得那里是需要最迫切的地方，那是我最有用的地方。"[①]

二、从南京到延安

　　经过 20 天的航程，"亚洲女皇号"邮轮终于到达香港。这个小岛因为不列颠帝国的侵略而成为一个战争前线的桥头堡。抗日战争的爆发促使无数爱国民主力量会聚至此，公开的演讲天天举行，一批批抗日救亡的志士都以此为中转站，在这里停留整顿后便奔赴国内战场。

　　白求恩和他的助手在香港停留了 3 天便乘坐飞机前往汉口。在这座号称抗战中心的城市，白求恩看到的却是一片混乱。大街上，军队和警察横行霸道，伤兵和难民却在流浪乞讨。防空警报总是响个不停，那唯一解除的片刻，便有歌舞厅的灯火抓紧时间燃放，爵士音乐的声音和头顶轰炸机的声音交替进行。在白求恩熟悉的伤兵医院，他看到的则是更加悲惨的景象，伤兵们包扎着被浓血污染的绷带无人过问，没有换洗的衣服，没有干净的被褥。冷冰冰的地上

[①] 章学新：《白求恩传略》，福建人民出版社 1984 年版，第 56 页。

铺着一层肮脏的稻草，缺胳膊断腿的伤兵半死不活地蜷缩在那里喂虱子。从他们的脸上，白求恩看不到任何生的希望。

读过《西行漫记》的白求恩，此刻在心中已经有了答案。在武汉的另一面，八路军设立的办事处里，周恩来、董必武、叶剑英、林伯渠、邓颖超等中国共产党著名领导人都在这里宣传共产党的抗日主张，组织群众组成统一战线。

很快，白求恩就见到了那个书生出身的革命军人。周恩来向白求恩表达了对加美医疗队的欢迎，白求恩也向周恩来谈到了西班牙的战况和西方人民反法西斯的义举。当他提出要到解放区前线去的时候，周恩来表示那里的条件很艰苦，担心他不能适应，希望他先在武汉工作一个时期。

"武汉不是我的目的地，我要到延安去。"1938年2月22日，白求恩一行离开汉口，踏上了前往延安的道路。一路上，他们看到了战争之下中国腹地的农村景象，荒芜的农田、烧焦的村庄、流离失所的农民。当有记者怀疑白求恩已经被日军俘虏杀害时，他正在黄河边度过他的48岁生日。没有点着蜡烛的蛋糕，没有宴席和舞会，甚至没有亲人的陪伴，这一天他在日记中写下："今天是我的生日——四十八岁。去年在马德里，今年在中国的河津。我给伤兵们的手和胳臂上药包扎，藉（借）以庆祝一下。"①

---

① 章学新：《白求恩传略》，福建人民出版社1984年版，第59页。

三、坚守在晋察冀边区

1938年3月下旬，延河解冻、春草萌芽的时候，白求恩一行抵达了延安，真实地见到了中国人民如何在战乱中努力生存并积极向上克服困难的景象。最使白求恩激动而难以忘怀的是到达延安的第二天，白求恩就在凤凰山下的窑洞里受到毛泽东同志的亲切会见。一见面，毛泽东就从白求恩的党证中，体会到了这位共产主义战士的赤诚之心。那天晚上，延安的窑洞里油灯安静地燃烧，毛泽东和白求恩二人热情地谈论着。

毛泽东先向白求恩询问了对西班牙反法西斯战争的看法，接着话题又转到了中国，特别是战地医疗的状况。毛泽东心情沉重地说："很不幸，目前重伤员中死亡的人太多了。"当时中国革命战地的后方医院，几乎没有头部和腹部受重伤的士兵，这是因为前线这样的伤员在转移到后方的半路上就牺牲了。按西方的标准，八路军简直没有什么医疗机构。了解到这一情况后，白求恩激动地说，"在中国的抗战中，我觉得最能发挥作用的方式是组织战地医疗队。如果有战地医疗队，他们有很多是能够救活的"，而且，"根据我在西班牙的经验，只要在前线附近拥有战地医疗队，重伤员中75%一定可以救过来"。毛泽东被"75%"救活率的数字深深吸引了，想着如果多数重伤战士能够避免牺牲，等于我们的战士可以有两次或更多次的生命以打击敌人，毛泽东非常激动，热切地说：

"白求恩同志，那就请您立刻组织战地医疗队吧。"①随后，毛泽东和白求恩从国际局势谈到国内政治和军事斗争，从白求恩的经历谈到目前的工作困难，谈话越来越热烈，他们兴趣盎然地谈了3个小时。毛泽东把白求恩送到窑洞门口时，问道："75%，是这样吗？"白求恩自信地回答道："至少如此。"离别之际，毛泽东走出窑洞，目送着白求恩的身影消失在夜色之中。

白求恩回到住处时仍热血澎湃，激动得无法入眠，他翻开日记本写道："我在那间没有陈设的房间里和毛泽东面对面坐着，倾听着他的从容不迫的言谈的时候，我回想到长征，想到毛泽东和朱德在那伟大的行军中怎样领导红军经过两万五千里长途跋涉，从南方到了西北丛山里的黄土地带。由于他们当年的战略经验，使得他们今天能够以游击战来困扰日军，使侵略者的优越武器失去效力，从而挽救中国。我现在明白为什么毛泽东那样感动每一个和他见面的人。这是一个巨人！他是我们世界上最伟大的人物之一。"②

中国的情况远比西班牙要严重。因为敌人的封锁，这里药品和医疗器械非常短缺，更因为一直以来的战乱和贫弱，这里存在严重的医护人员不足的问题。

1938年6月，他来到晋察冀军区——山西省五台县金刚库村的军区后方医院。军区后方医院的医疗条件十分简陋，没有一套完善的手术器械。手术过程中，白求恩既是手术者、麻醉指导师，又要

①[加]泰德·阿兰、塞德奈·戈登：《手术刀就是武器：白求恩传》，巫宁坤译，上海文艺出版社2005年版，第229~230页。
②章学新：《白求恩传略》，福建人民出版社1984年版，第66页。

观察伤员情况的变化。这样劳累的手术，白求恩却平均每天都要做5台，有时遇上复杂的手术，一台手术就要花费十几个小时。巨大的体能消耗对于年近半百的白求恩来说，无疑是沉重的负担。然而他却有自己的回答。他在一篇日记中写道："我做了一整天手术，确实很累。共十例，其中五例很严重……我确实累了，但我好长时间没有这样高兴了。我很满意，我正在做我想做的事。为什么不应该高兴呢？——看看我的财富都由什么组成的吧：首先，我从早晨五点半直到晚上九点，每分钟都有重要的工作，我是被用得上的，这里需要我……"①

白求恩虽然在后方医院，但是，每当前方战斗打响，他就主动要求参战，把医疗队带到前沿阵地去，更好地救助前线受伤的战士。

"我是外科医生，我的岗位是到离火线最近的地方去治疗伤员。医生离火线越近，伤员就可以尽可能快地得到治疗。"②

1939年2月，日军集中兵力向冀中抗日根据地发起进攻。奉聂荣臻同志的命令，白求恩率"东征医疗队"挺进冀中。河间齐会战斗时，白求恩将手术室设在离战场中心仅7里远的地方。外面是激烈的战斗，枪炮声震耳欲聋；里面是紧张的抢救，手术有条不紊地进行。炮弹在手术室外不时爆炸，手术却一刻也没有停止。历时三天三夜，白求恩连续工作69个小时，施行手术115例。医疗队到冀中才半年多，白求恩一人所做的手术数量就已占全部手术数量的 1/3。

白求恩在中国的工作远远不止救治伤病员，他的视野深入到整个八路军医务工作的发展和医务人才的培育。经过几个月的工作后，白求恩对晋察冀的医疗工作状况有了进一步的了解，对改进医疗工作的设想也越来越具体了。他带领同志们将军区后方医院二所改建为"模范医院"，这所医院有严格的规章制度，有热情的服务态度，有精湛的医疗技术，并培养了一批又一批人才，成为名副其实的"模范医院"。在模范医院开幕时，他曾经说："一个医生，一个护士，一个护理员的责任是什么？只有一个责任。那责任是什么？那责任就是使我们的病人快乐，帮助他们恢复健康，恢复力量。你必须把每一个病人看作是你的兄弟，你的父亲，因为，实在说，他们比父兄还亲——他是你的同志。在一切的事情当中，要把他放在最前头。倘若你不把他看得重于自己，那么你就不配在卫生部工作，其实，也简直就不配在八路军里工作。"[1]

白求恩还以军区卫生顾问的身份用一个多月的时间巡回视察了军区后方医院等医疗单位，他发现当地医疗单位的技术水平很低，护理人员甚至没有接受过正规培训，都还只是些十几岁的孩子，而他们也多是文盲或半文盲，学习医疗知识也较困难。1939 年 6 月底，白求恩因脚部感染在军区司令部驻地何家庄休息，他便趁机集中精力考虑学校建设。他十分关注学校的教员和教学设备，认为当时有一些医科专门学校的毕业生参加医疗工作，这些人可以作为医

---

[1] 毛泽东：《纪念白求恩》，人民出版社 1979 年版，第 37 页。

学校的中坚人才，借此可提高医疗教育的水准。可是没有书，没有解剖的尸体，没有组织学、病理学组织切片，没有细菌学的设置，纵然有些医师可以做教员，问题依然不能解决。因此，学校要有自己的医院。白求恩的想法很好，可是，购置设备要钱，维持学员、教员的生活要钱，而以根据地目前的经济状况是难以支撑的。面对这样进退两难的局面，白求恩主动提出回国募捐，设法每月能有1000美元来支撑学校的运行。为了表示对学校的支持，他把自己的显微镜、小型X线机、内外科书等捐赠给了学校。在白求恩的关心、帮助和支持下，经过紧张的筹备，1939年9月18日，在河北省唐县牛眼沟村正式成立了晋察冀军区卫生学校。江一真任校长，殷希彭任教务主任。白求恩十分高兴地参加了开学典礼，并发表讲话鼓励学员学好技术，为伤病员服务。

秋阳娇艳，金色的十月即将来临，这原本是白求恩预定回国的日期。

离开祖国将近两年了。然而就在这个月，日军调动两万多兵力，采取多兵种配合、分路进击的战术，对冀西山区发动了大规模的"冬季扫荡"。已经推迟了一次行期的白求恩还在巡视军区的各个医院，但当前线的战斗号角传来时，白求恩立即向当时的司令员杨成武请示参战。

站在军事地图的前面，白求恩神情凝重地看着一个叫"摩天岭"的地方。秋夜在悄然逝去，繁星从天边坠落。崇山峻岭之间，乡亲们打枣晒米的歌声还在回响。朝雾浓重，巡视团的同志在白求恩的组织下，连夜赶制了一千个急救包，随后踏着清晨的露水，奔向新的战斗任务。出发前，白求恩斩钉截铁地对自己说："如果晋察冀边区受挫，敌人的阴谋得逞，我这次回国就毫无意义了。我一定要参加战斗，等目前的战斗结束，再启程回国。"[①]

摩天岭一带处在敌人包围圈的中心，医疗队日夜兼程，赶到了离前线只有 7 华里的孙家庄，手术室就设在村外的一座小庙里。这是一座已经坍塌了佛像和壁画的小庙，没有高大的古树投下绿荫，也没有焚香和诵经提供安宁。尽管如此，小庙背靠高山，面临一条不宽的山村大道，是山间行路的必经之处，对治疗从火线上退下来的伤员是最方便的。

炮火声轰鸣整个山谷，手术室里却始终保持着紧张而忙碌的安静。庙外的战斗和庙里的战斗同样激烈。然而最令警卫员担心的事情还是发生了。一阵急促的电话铃声，传来了指挥部命令手术站立即转移的紧急通知。敌人袭来了！

"敌人来了，我们要马上转移！""伤员怎么办？"白求恩扫视了一下众人急迫的神色，镇静地指挥大家将已经动了手术的伤员撤走，并要求增加两个手术台，好在敌人围上来之前为剩下的几位伤员完成手术。

不远的地方，短促而激烈的枪声渐渐逼近。一位腿部受伤的年轻战士刚被抬上手术台，子弹就呼啸着从手术室上空掠过，庙前枪声一阵强过一阵，炮弹弹片飞射到小庙附近，敌人包抄过来了！此时的白求恩却没有丝毫的惊慌失措，而是有条不紊地为伤员进行检

[①] 章学新：《白求恩传略》，福建人民出版社 1984 年版，第 188 页。

查、消毒。每个人的心弦都绷得紧紧的，除了身边的助手，谁都没有注意到白求恩突然皱起的眉头。他把没有戴手套的左手手指快速地伸进碘酒溶液中浸了一下，又继续手术，直到缝完最后一针。

棕红色的消毒液里，有一抹鲜红的血液慢慢晕开，再也无法凝聚。

如果不是这一次手指受伤的意外，白求恩或许已经踏上了回国的归途，和大洋彼岸的亲人一起迎接圣诞节的到来。

四、奋战至生命最后一刻

1939 年 11 月 1 日，白求恩准备从易县后方医院转赴史家庄，临走前，他决定最后巡视一遍病房的状况。就在这个过程中，他看到了一个伤员的脖子肿胀得非常严重。白求恩立即蹲下来仔细观察病变的部位，他敏锐地意识到这是颈部丹毒，细菌已经蔓延到了皮下，并发了蜂窝织炎，如果不及时治疗，病人恐怕会有生命危险。

白求恩深知丹毒的危险性，却还是坚持立刻为这位病人开展手术。虽然护士为他换上了一副新手套，但意外还是发生了，在切开伤口组织的时候，他那本就因伤肿胀而不太灵活的手指操作失误，割破了自己的手套，手指受伤处直接接触到了伤员的病变创口。细菌一下子入侵了他的身体，并造成了致命的感染。因为没有特效药物，所以即便后来人们全力以赴地抢救，却依然无法阻止白求恩疾病的恶化。

11 月 11 日，病情越来越重的白求恩已不能安眠，但神志仍十分清醒。他提笔给翻译郎林写了一封信，对下一阶段的医疗工作做了部署，让郎林转告卫生部部长叶青山。生命垂危之际，白求恩依然牵挂着前线伤员："我十二分忧虑的，就是前方流血的伤员，假如我还有一点支持的力量，我一定留在前方……但是我的脚已经站不起来了。"[1]就是这一天，当夜幕降临的时候，白求恩已经感受到了生命的流沙正毫不留情地逝去，他用颤抖的手断断续续地写下了他生命中的最后一篇文字——《遗嘱》。这是写给聂荣臻司令员的。从这封信中可以看到一个共产党员的坦荡胸怀和高尚情操。他至死也不忘自己的职责，始终保持着谦逊善良、知恩图报的品质，努力地想为后人留下些宝贵的经验，尤其对中国的同志，他寄托了无限的深情："让我把千百倍的谢意送给你和其余千百万亲爱的同志！"在这封信中，他仍然牵挂着中国抗战的卫生工作："每年要买250磅奎宁和300磅铁剂，用来治疗疟疾疾病和大多数的贫血病者。千万不要再往保定、天津一带去购买药品，因为那边的价格要比沪港贵两倍。"[2]

这天黄昏，白求恩把写好的遗嘱交给了翻译董越千，然后和周围的同志一一握手。他说："请转告毛主席，感谢他和中国共产党给我的帮助。我相信，中国人民一定会获得解放，遗憾的是我不能亲眼看到新中国的诞生。"[3]在弥留之际，白求恩为自己在中国的工作做了如下总结：请转告加拿大人民和美国人民，最近两年是我

---

[1] 韩海山等：《白求恩在唐县》，河北人民出版社1990年版，第138页。
[2] 章学新：《白求恩传略》，福建人民出版社1984年版，第206页。
[3] 章学新：《白求恩传略》，福建人民出版社1984年版，第209页。

生平中最愉快、最有意义的时日！

1939 年 11 月 12 日凌晨 5 时 20 分，白求恩在河北省唐县黄石口村辞世，享年 49 岁。在大官房戏台，老百姓为白求恩举行了隆重的遗体告别仪式。聂荣臻司令员、军区卫生部叶青山部长、当地军民、军区卫生学校的师生，向白求恩三鞠躬，然后绕场三周，依依惜别。

白求恩病逝的消息传到了延安。沉静而肃穆的中央大礼堂会场里，延安各界代表聚集在此。墙壁上高悬着的照片里是一个面孔有些清瘦、颧骨微高、短鬓灰白的外国人，但是从他那坚毅、刚敢、沉着的火一般的眼神中，人们仿佛依旧能看到那个在炮火声中忙碌的身影，能够听到器械箱里各种医疗工具相碰的清脆声响。千百双泪水婆娑的眼睛、千百颗崇敬追念的心灵，都投向了遥远的晋察冀边区，投向了遥远的大洋彼岸。

"万里跋涉，树立国际和平，堪称共产党员模范；一腔热血，壮我抗日阵垒，应作医界北斗泰山。"这是陕甘宁边区政府为白求恩撰写的挽联。

在白求恩弥留之际所立的遗嘱中，我们看到了一位优秀的医生是如何对他的病人、对他的事业尽心负责的，也看到了一位伟大的战士是如何迫切地呼唤着时代的进步与变革的。白求恩在中国工作期间，极大地改善了我军的卫生条件，甚至影响到新中国成立之后我国医疗卫生事业的发展。他留给中国的，不仅是医疗的方法和理念，也不仅是几座学校和医院，更重要的是他的牺牲精神、奉献精神和国际主义精神。

为了帮助中国人民的抗日战争，受加拿大共产党和美国共产党的派遣，白求恩带着药品、医疗器械等，组织了医疗队，不远万里，来到中国。他带领着他的流动医疗队行走在山西、河北两省，他以对工作的负责态度和对人民的关切之情受到了战士和老乡的尊敬与爱戴。

根据八路军的战场情况，他将在西班牙战场流动输血站的经验应用于中国战场，创立了群众血库。"输血"在当时是个新的医疗手段，在我国只有大城市里的少数医院才能开展。在野战医疗条件下输血，恐怕也只有这个"第一个把血库送到战场上去"的医生才敢想、敢做。

当发现八路军后方医院医护人员专业技能欠缺、医院管理不规范时，白求恩不知疲倦地工作，开设了相关培训课程，加强了对医院的管理。白求恩的精神力量总是体现在他日常工作的点点滴滴中。有时他一天要检查上百位患者，完成十几台手术。这样的超强度劳动对一个年轻人都是沉重的负担，何况白求恩是一个年近半百的人，但他却从不言累。正是迫切而沉重的使命感，使白求恩不知疲倦地战斗着。时任晋察冀军区司令员的聂荣臻曾深情地回忆起白求恩说过的一句话："我是来工作的，不是来休息的，你们要拿我当一挺机关枪使用。"①

白求恩同志不仅精通医术，为改善八路军的卫生状况，挽救更多的生命做出了积极贡献，而且面临突发险情也挺身而出。1939 年

---

① 毛泽东：《纪念白求恩》，人民出版社 1979 年版，第 12~13 页。

7月，十多天的特大暴雨使唐河水位大涨，洪水威胁着河北完县神北村。上级担心汹涌的洪水会威胁到卫校的安全，决定将学校转移到河西岸。白求恩立刻找到了学校，要求加入突击队，将村民的物资运送到安全的地方。

在冀中的四个多月时间里，尽管工作十分繁重，白求恩仍时刻惦念着学校的筹建。他发现在冀中有一批医科学校毕业的专门人才，非常适合担任学校的教员。白求恩就把这些人的名字记下来，并推荐给了军区；他利用战斗间隙起草《军区卫生学校的教学方针》，为军区卫生学校的建立打下了良好的基础。军区卫生学校的建立，为军区卫生工作的进行打开了新的局面。卫生学校培养了一批又一批抗日战争洪流之中我军医疗工作的骨干。

白求恩作为医生、教师、组织者，将他的才华在中国这片土地上最大限度发挥了作用。他曾说："医生是为伤病员活着的，如果医生不为伤病员工作，他活着还有什么意义。"①

---

① 北京军区后勤部党史资料征集办公室编：《晋察冀军区抗战时期后勤工作史料选编》，军事学院出版社1985年版，第802页。

第二章

关于白求恩精神的论述

　　白求恩逝世后，中共中央及晋察冀边区组织了隆重的形式多样的纪念活动，给予白求恩高度评价，强调他对中国抗战的重要贡献。在边区民众对白求恩持续的纪念活动中，毛泽东等老一辈革命家号召全体共产党员都要学习伟大的白求恩精神，"学习白求恩同志的国际精神，学习他的牺牲精神、责任心与工作热忱"，努力成为"一个高尚的人，一个纯粹的人，一个有道德的人，一个脱离了低级趣味的人，一个有益于人民的人"①。并将之作为全党全军全国各族人民，特别是广大医疗卫生人员的宝贵精神财富。之后，历代党和国家领导人都对白求恩给予高度评价，对继承和弘扬白求恩精神都非常重视，先后做出了许多精辟的论述和明确的指示。

第一节　革命、建设时期关于白求恩精神的论述

　　革命战争时期，毛泽东同志提出学习白求恩，在全国各族人民中产生了巨大影响，发挥了不可估量的作用。毛泽东同志对纪念白求恩、学习白求恩、发扬白求恩精神有过系统论述和深入思考，对

---

① 《毛泽东选集》第 2 卷，人民出版社 1991 年版，第 660 页。

全党全军特别是医护人员学习白求恩多次提出过明确要求。朱德、宋庆龄、聂荣臻等人也纷纷撰文宣扬白求恩精神，进一步推动了白求恩精神的传播。

一、每个共产党员都要学习他

毛泽东与白求恩有过一面之缘。1938年春天的一个深夜，白求恩在历经了旅途的风尘和战火的一次次洗礼，摆脱了国民党军政人员的庸俗纠缠之后，终于到达了革命圣地延安。毛泽东知道消息后，立刻在第二天晚上，安排在延安凤凰山的窑洞里接见了白求恩。那天晚上，毛泽东与白求恩一见如故，相谈甚欢。在之后的战斗岁月里，在紧张的工作间歇，白求恩给毛泽东写过许多信，汇报他的工作情况，对医疗工作提出不少建议。毛泽东也一直关心着这位以中国人民的解放事业为己任的外国同志。白求恩到达前线后不久，日理万机的毛泽东亲自给晋察冀边区聂荣臻司令员发电报，他在电报中指示："请每月付白求恩一百元，白求恩报告称松岩口医院建设需款，请令该院照其计划执行。同意任白求恩为军区卫生顾问，对其意见、能力完全信任，一切请视伤员需要斟酌办理。"[1]白求恩很感谢毛泽东对他的关心，复电说自己不需要钱，因为衣食等一切均已供给。该款若系由加拿大或美国汇给我私人的，请留作烟草费，专供伤员购买烟叶及纸烟之用……

---

[1] 中央党校党建部：《党员教育培训学习辅导》，人民出版社2020年版，第111~112页。

　　1939 年 11 月 12 日，在来华的第二个冬天，白求恩因为坏血病而以身殉职，享年 49 岁。毛泽东听闻这个噩耗悲痛万分，为追悼会题写了挽词："学习白求恩同志的国际精神，学习他的牺牲精神、责任心与工作热忱。"同年 12 月 21 日，在紧张的工作和战斗中，毛泽东为八路军政治部、卫生部于 1940 年出版的《诺尔曼·白求恩纪念册》撰写《学习白求恩》一文（后来改为《纪念白求恩》），高度赞扬了白求恩的共产主义、国际主义精神，号召每一个共产党员向他学习。

　　在《纪念白求恩》[①]一文中，毛泽东对白求恩精神作了精辟阐述，"对工作的极端的负责任，对同志对人民的极端的热忱"。毛泽东在文中指出："白求恩同志是加拿大共产党员，五十多岁了，为了帮助中国的抗日战争，受加拿大共产党和美国共产党的派遣，不远万里，来到中国。去年春上到延安，后来到五台山工作，不幸以身殉职。一个外国人，毫无利己的动机，把中国人民的解放事业当作他自己的事业，这是什么精神？这是国际主义的精神，这是共产主义的精神，每一个中国共产党员都要学习这种精神。列宁主义认为：资本主义国家的无产阶级要拥护殖民地半殖民地人民的解放斗争，殖民地半殖民地的无产阶级要拥护资本主义国家的无产阶级的解放斗争，世界革命才能胜利。白求恩同志是实践了这一条列宁主义路线的。我们中国共产党员也要实践这一条路线。我们要和一切资本主义国家的无产阶级联合起来，要和日本的、英国的、美国

---

①《毛泽东选集》第 2 卷，人民出版社 1991 年版，第 659~661 页。

的、德国的、意大利的以及一切资本主义国家的无产阶级联合起来，才能打倒帝国主义，解放我们的民族和人民，解放世界的民族和人民。这就是我们的国际主义，这就是我们用以反对狭隘民族主义和狭隘爱国主义的国际主义。"

毛泽东指出："白求恩同志毫不利己专门利人的精神，表现在他对工作的极端的负责任，对同志对人民的极端的热忱。每个共产党员都要学习他。不少的人对工作不负责任，拈轻怕重，把重担子推给人家，自己挑轻的。一事当前，先替自己打算，然后再替别人打算。出了一点力就觉得了不起，喜欢自吹，生怕人家不知道。对同志对人民不是满腔热忱，而是冷冷清清，漠不关心，麻木不仁。这种人其实不是共产党员，至少不能算一个纯粹的共产党员。从前线回来的人说到白求恩，没有一个不佩服，没有一个不为他的精神所感动。晋察冀边区的军民，凡亲身受过白求恩医生的治疗和亲眼看过白求恩医生的工作的，无不为之感动。每一个共产党员，一定要学习白求恩同志的这种真正共产主义者的精神。"

毛泽东指出："白求恩同志是个医生，他以医疗为职业，对技术精益求精；在整个八路军医务系统中，他的医术是很高明的。这对于一班见异思迁的人，对于一班鄙薄技术工作以为不足道、以为无出路的人，也是一个极好的教训。""我们大家要学习他毫无自私自利之心的精神。从这点出发，就可以变为大有利于人民的人。一个人能力有大小，但只要有这点精神，就是一个高尚的人，一个纯粹的人，一个有道德的人，一个脱离了低级趣味的人，一个有益于人民的人。"

白求恩去世后，毛泽东有许多题词都是勉励大家学习白求恩的。比如1941年5月为延安（中国）医科大学题词"救死扶伤，实行革命的人道主义"。1945年12月为白求恩国际和平医院护士学校第三期毕业班题词"治病救人"。1965年8月30日为庐山疗养院护士钟学坤题词"学习雷锋，学习白求恩，为人民服务"。可以说，毛泽东终其一生，始终把白求恩视为全党全军全国各族人民，特别是医务工作者学习的榜样，始终把白求恩精神视为中国共产党伟大精神的重要组成部分。通过毛泽东的高度概括和反复宣扬，白求恩这个名字在中国家喻户晓，白求恩的光辉事迹妇孺皆知。几十年来，伟大的白求恩精神和毛泽东同志的光辉著作，鼓舞和培育了一代又一代卫生工作者，为人民的健康、社会的发展、民族的昌盛做出了积极贡献。

二、国际主义精神的模范[1]

1940年11月13日，朱德在白求恩逝世1周年纪念会上回顾了白求恩在中国的战斗历程，称赞其为国际主义者，以纪念其伟大的国际主义精神。[2]并指出白求恩"甘心抛弃自己过去远较舒适的生活，到华北敌后最艰苦困难的环境中来。他把争取中华民族解放的伟大事业，当做（作）自己的事业，最后，把自己的生命献给了这

---

[1] 参考中国白求恩精神研究会编：《白求恩纪念文集》，生活·读书·新知三联书店2018年版，第14页。
[2]《白求恩大夫逝世周年祭》，《新华日报》1940年11月25日。

个事业"[1]。1942年，在诺尔曼·白求恩同志逝世3周年之际，朱德专门撰文纪念白求恩。他在文中指出，白求恩同志是真正充满着共产主义国际主义精神的优秀党员，在他身上，表现了共产党人的高尚纯朴的品质。白求恩同志是富于国际主义精神的模范，他忠诚地帮助一切被压迫人民、一切被压迫民族争取自己解放的斗争，他把中国人民的解放当作他自己的事业；白求恩同志是一个富于实际主义精神的人，他对同志对人民满腔热忱，坦白正直，对工作有无限责任心，用他的高明的技术服务于世界人民反法西斯事业。白求恩同志的死，是我党、我军、中国人民和世界人民反法西斯事业的一个巨大损失！白求恩同志这种国际主义和共产主义的伟大精神，值得中国每个共产党员学习。

三、我们这个时代的英雄[2]

白求恩生前虽从未与宋庆龄见过面，但他却是在宋庆龄及保盟的召唤下来到中国支援抗战的，在游击区艰苦的工作环境中，白求恩始终与宋庆龄保持密切的联系，宋庆龄则尽一切可能给予白求恩物资上的有力支持，帮助白求恩所在的医院发展成为晋察冀边区的外科手术和重症治疗中心，闻名于整个华北游击区。当宋庆龄得知白求恩逝世的消息后非常悲痛，在《保盟通讯》上组织发表了《一

---

[1] 章学新：《白求恩传略》，福建人民出版社1984年版，第214页。
[2] 参考中国白求恩精神研究会编：《白求恩纪念文集》，生活·读书·新知三联书店2018年版，第17页。

个为中国而奋斗的战士的牺牲》《白求恩大夫报告在游击区四个月的工作》《我所了解的白求恩大夫》《白求恩大夫的工作在继续》等一系列纪念文章，向全世界介绍这位国际主义战士，在悼念白求恩的同时呼吁国际社会继续支援中国抗战。宋庆龄认为，"他（白求恩）的生活和工作，为中国在海外的朋友树立了榜样，他忘我地献身于别国人民的解放斗争，因为他确信，他们的事业是整个人类进步事业的一部分，为了这个事业，他献出了自己的一切——他的全部力量，心血和一生"①。

为了永远纪念白求恩，宋庆龄还帮助加拿大作家西德尼·戈登和泰德·阿兰获取了白求恩在中国的全部书信文稿和日记，并于1952 年亲自为泰德·艾伦、塞德奈·戈登合著的《手术刀就是武器》即《外科解剖刀就是剑》一书撰写序言。宋庆龄写道："我很荣幸来介绍诺尔曼·白求恩大夫的生平，让为数更多的人能够认识这位当代英雄——他如此崇高地象征着所有人民在争取自由的斗争中的共同利害。"宋庆龄指出，任何时代的英雄都是这样一种人：他们以惊人的忠诚、决心、勇气和技能完成了那个时代放在人人面前的重要任务。诺尔曼·白求恩就是这样一位英雄。

白求恩既是一位医生，又是一位科学家，更是一位坚定的国际共产主义战士。作为医生，他曾用他所最熟悉的武器在医务方面进行斗争，挽救了成千上万的我国最优秀最英勇的战士；作为科学家，他是一位专家和创导者——他把他的武器保持得锋利如新，把

---

① 孙娟娟：《难忘的情谊：宋庆龄与白求恩》，《档案春秋》2020 年第 2 期。

他的伟大的技能贡献给反抗法西斯主义和帝国主义的斗争的先锋；作为一名战士，他认为法西斯主义是一种比任何其他疾病对人类危害更大的疾病，一种摧毁千千万万人的身心的疫病。他在日军炮火之下传授给中国学生的技术的价值，决定于它们使用的目的——人民的战士有掌握最高的专门技术的责任，因为只有在他们的手中技术才能够真正为人类服务。他训练出来的医生、护士、护理员在他的教导之下，不仅将自己看作技术助理人员，而且看作前线战士，和战斗部队担负着同样重大的任务。宋庆龄说道，在一种特殊的意义上，白求恩属于加拿大、西班牙、中国这三个国家的人民。白求恩曾在三个国家里生活、工作和斗争——在加拿大，他的祖国；在西班牙，参加人民反抗纳粹主义和法西斯主义的黑暗势力的、第一次伟大的斗争；在中国，协助我们的游击队和根据地医疗建设，并且协助我们锻炼出终于解放了全中国的、强大的人民军队。在更广泛的意义上，他属于和对国家对人民的压迫进行斗争的一切人。宋庆龄强调，白求恩是那些帮助我们获得自由的人中的一位，他的事业和他的英名永远活在我们中间，新中国永远不会忘记白求恩大夫。

四、一个能够让人的灵魂得到净化的人

　　白求恩来到中国支援抗日战争时，时任晋察冀军区司令员聂荣臻专程接待了白求恩，安排他在战斗前线的工作，并见证了白求恩在前线舍生忘死的奉献精神和精益求精的高超医术。感人心者，莫

先于情。在工作和生活的交往中，聂荣臻和白求恩结下了深厚的友谊。白求恩不幸病逝后，聂荣臻同志悲痛万分，在晋察冀边区的追悼会上，聂荣臻宣读白求恩大夫祭文，赞颂白求恩对人类解放事业的贡献："医术精于华佗，精神比于墨翟。非热爱乎人类，谁曾至于此极。"① 并连续5次撰文纪念白求恩同志，提倡弘扬白求恩精神。

第一次撰文是在1940年1月4日，以《纪念白求恩同志》为题，发表在《抗敌三日刊》。聂荣臻高度赞扬了白求恩，指出白求恩同志具有高明的医学技术和优良的革命品质，不仅是大众的科学家和政治家，更是无产阶级最英勇的战士之一和被压迫民族最忠诚的战友，"白求恩大夫是一个能够让人的灵魂得到净化的人"。白求恩同志在加拿大人民的革命斗争中，在西班牙人民反法西斯的伟大斗争中，在中国人民抗日救国的神圣事业中，做了许多实际的光辉的革命贡献。

在文中，聂荣臻用生动感人的事实阐述了白求恩同志的高尚情操。"白求恩同志具有高度的工作热情与责任心；经常到战争最前线救护伤员，他不管如何的酷寒烈暑，不管如何的狂风大雪，不怕雨天黑夜，不怕高山急流，都要立即赶到炮火的前线，冲破一切危险与困难，给伤员以及时的救治。他非常爱护伤病员，经常日夜不息忘掉疲倦与饥渴地施行手术和治疗，并一夜数起检查与安慰伤病员，注意他们病情的变化；他企图用所有的力量，使伤病员迅速

---

① 聂荣臻：《白求恩大夫祭文》，《晋察冀日报社论选（1937–1948）》，河北人民出版社1997年版，第203页。

恢复健康，重上前线，他并以同样的热情诊治一般贫民。他具有良好的科学组织性与纪律性，生活虽极紧张，工作虽极忙碌，但有条不紊；在积极进行医治之余，不停息地打字写文章，把此时此地工作的经验教训，作成许多的宝贵著作与建议及详明的统计与报告，成为他的珍贵遗产……他的高超的政治品质与医疗技术，他的严肃的工作作风与战斗精神，他的热烈的阶级友爱与对中国人民的同情心，深深地印入全体医务人员及伤病员的心坎，我们——全军区的指战员以及中国的广大人民亦深刻感激与敬佩……我们要学习白求恩同志！"

聂荣臻第二次撰文是 1940 年春给白求恩《游击战争中师野战医院的组织和技术》一书写序言。聂荣臻高度评价了白求恩的这本遗著，"这是他一生最后的心血的结晶，也是他给我们每一个革命的卫生工作者和每一个指战员和伤员的最后不可再得的高贵的礼物"。在序言中，他再次抒发了对这样一位伟大的国际主义者、造诣宏深的医学家、模范的共产党员的满腔的敬意和缅怀之情。他说道："我们最敬爱的这位伟大的死者，生前为八路军和晋察冀军区的万千指战员与伤员，为了人类解放的正义战争，从加拿大到西班牙，从西班牙到中国，远渡重洋，跋涉崇山，到达我们的敌后华北平原和太行山地区。在炮火硝烟的最前线，寒暑奔忙，不计昼夜，殚精竭虑，苍白了须发，救死扶伤，捐输了自己圣洁的血液，他尽了对人类最大的责任，发扬了崇高的革命道德，深深激动了战斗的人群……由他的一纸遗书和二三传语中，寄托着人间至上的真情与热爱，在战斗的人心里更留下了无穷的感痛。"

聂荣臻第三次撰文是在 1965 年 3 月 12 日，在白求恩逝世 26 周年之际，执笔写了《听毛主席的话，向白求恩学习》一文，再次高度赞扬了白求恩同志无愧为一个卓越的无产阶级国际主义战士，强调白求恩同志的革命精神永远是我们学习的榜样。他在文中指出，毛泽东同志对白求恩同志的"国际主义、共产主义精神，毫不利己、专门利人精神"的凝练和高度评价，一直是教育和鼓舞我们进行革命斗争的巨大的精神力量，成为我国青年向革命道路前进的有力的思想武器。并强调青年作为无产阶级革命事业的接班人，一定要响应毛泽东同志的号召，要向白求恩同志学习，全心全意为中国和全世界的绝大多数人服务；要对工作极端负责任，对同志对人民要极端的热忱，要勇于承担最艰苦的任务。他还在白求恩诞辰 100 周年时题词，"学习白求恩同志的无私奉献精神，搞好社会主义建设"。1991 年 12 月，他又为第一届全国白求恩精神研讨会题词"努力学习宣传白求恩精神"。

在白求恩逝世 40 周年、50 周年之际，聂荣臻均撰文纪念。聂荣臻在《今天仍然需要提倡白求恩精神》一文中谈道："值此伟大的国际主义战士白求恩同志逝世五十周年之际，我认为很有必要在全国范围里，广泛宣传白求恩同志的事迹，大力提倡白求恩的革命精神。这对我国人民，尤其是对青少年的思想、道德教育，对全国的社会主义精神文明建设，都是非常有意义的。"

在毛泽东等老一辈党和国家领导人的号召下，吕正操、叶青山等人也专门撰文纪念白求恩，给予白求恩高度评价，强调他对中国抗战的重要贡献，号召弘扬白求恩精神。

1940 年，时任晋绥军区司令员的吕正操在唐县出版的《抗敌三日刊》追悼国际友人白求恩大夫专刊上发表《"我唯一的希望是能够多有贡献"——纪念伟大的共产主义战士白求恩》，并题写了"人类解放战线上最英勇的战士"来称颂白求恩。时任八路军前方指挥部参谋长的左权撰文悼念白求恩同志，指出白求恩同志是八路军"最亲爱的国际友人"，是"生命的救护士""最忠实的革命者""杰出的科学家"。晋察冀军区政治部主任舒同赞扬白求恩是伟大的国际战士、"永远不灭的光辉"，副参谋长唐延杰指出白求恩同志的工作精神值得我们学习和发扬，政治部副主任朱良才指出白求恩精神应当永远活在我们心里，做我们后死者指路的明灯。

1943 年，八路军部队全面展开了学习白大夫运动，要求做白大夫式的医生、白大夫式的医务工作者。八路军一二九师卫生部部长钱信忠指出，我们应该学习白大夫的优良的作风和高贵的品质。学习内容具体包括："学习他关心爱护病人的态度""学习他始终如一地忠于技术工作""学习他艰苦工作克服困难的精神""学习他耐心的教育工作""学习他精密的组织工作，科学的统计工作"，学习他"纠正大医生的观点——官僚主义""学习他伟大的国际主义的精神"。强调"要学习伟大的白大夫，孜孜不倦地学习与研究的精神，要把白大夫造诣宏深的医术，作为我们学习的标准"。

1945 年，冀中军区卫生部部长顾正均发表名为《我们应向白求恩同志学习些什么》的文章，把白求恩的革命优良品质及工作作风总结为："伟大的国际主义精神""关怀伤病员的态度""始终如一地忠实于本职工作""艰苦的工作及勇于克服困难的精神和不断进取的创造性""耐心的教育工作"。

1965年，时任晋察冀军区卫生部副部长的游胜华回忆，当时晋察冀敌后抗日根据地仅仅诞生半年时间，并且敌人的"扫荡"没有停止过，伤员日益增多，医疗工作的任务日益加重。"白求恩是著名的外科专家。在这样的时刻，他率领医疗队，带了一批医药器械，来到根据地，不论在医疗技术方面，还是医院组织工作方面，无疑对我们的工作起了极重要的推动作用。而更重要的，是他那种国际主义精神给了我们莫大的鼓舞。"

1979年，在白求恩逝世40周年之际，时任中国人民对外友好协会会长的王炳南撰文指出，"白求恩伟大的国际主义和共产主义战士的光辉形象，四十年来一直活在亿万中国人民的心里。他的献身精神、责任心和工作热忱，一直是我们学习的榜样"。

1984年，时任中央党校校长王震在为《白求恩传略》一书作序时以"青山不老，浩气长存"为题，指出"白求恩的崇高的国际主义精神、共产主义精神，以及他的许多优秀品德，将作为中国人民和世界人民的财富，世代相传"。

1995年，在白求恩诞辰105周年暨来华57周年之际，时任第六届全国政协副主席的杨成武在《光明日报》发表题为《无私无畏 光耀千秋》一文，赞扬白求恩既是杰出的白衣使者、外科专家，更是坚定的共产党员、反法西斯战士，他毫无私心，为中国人民解放事业奉献，甚至不惜出生入死；以他的共产主义信仰、对人类解放事业的忠诚，以及高超的医术，挽救了无数同志的生命；他的奉献精神，成为我们指战员勇往直前的动力源泉。

第二节 改革时期关于白求恩精神的论述

社会主义精神文明是社会主义社会的重要特征，是现代化建设的重要目标和重要保证。白求恩精神，不仅是革命时期的重要精神财富，而且对推动改革开放和社会主义现代化建设新时期社会主义建设也具有重要意义。改革开放以来，邓小平、江泽民、胡锦涛等几代领导人高度重视，多次做专题论述，号召学习白求恩精神。

一、做白求恩式的革命者，做白求恩式的科学家

高度重视精神文明建设，物质文明和精神文明一起抓，是邓小平同志的一贯思想。邓小平同志指出："我们要在建设高度物质文明的同时，提高全民族的科学文化水平，发展高尚的丰富多彩的文化生活，建设高度的社会主义精神文明。"[①]并强调建设精神文明建设是集中力量进行现代化建设的最重要的保证之一。"党和政府愈是实行各项经济改革和对外开放的政策，党员尤其是党的高级负责干部，就愈要高度重视、愈要身体力行共产主义思想和共产主义

---

① 《邓小平文选》第 2 卷，人民出版社 1994 年版，第 208 页。

道德。否则，我们自己在精神上解除了武装，还怎么能教育青年，还怎么能领导国家和人民建设社会主义！"①

为了进一步推进精神文明建设，邓小平同志专门围绕加强精神文明建设作过许多阐述："所谓精神文明，不但是指教育、科学、文化（这是完全必要的），而且是指共产主义的思想、理想、信念、道德、纪律，革命的立场和原则，人与人的同志式关系，等等。"②并使用了大量的"精神"概念来进一步阐述，如"大公无私、服从大局、艰苦奋斗、廉洁奉公的精神""革命和拼命精神""严守纪律和自我牺牲精神""大公无私和先人后己精神""压倒一切敌人、压倒一切困难的精神""集体主义精神""埋头苦干的精神""开拓的精神""主动创造精神""闯的精神""'冒'的精神""创新精神"等。同时把这些精神归纳为五个主要方面：共产主义精神、中国革命精神、社会主义精神、中华民族精神和开拓创新精神等。其中，共产主义精神是中国精神的核心要素，是发展中国特色社会主义的前进旗帜。

白求恩所践行的"毫不利己专门利人、热忱工作精益求精、国际主义"的精神，既是对共产主义精神的一种诠释，也是社会主义先进道德文化的一个重要内容，在新的历史条件下，还可以成为检验人们精神状况和思想道德境界的一个标尺。白求恩无论是作为一个革命者，还是作为一个医生，他的精神永远值得人们学习。

1979 年 6 月，邓小平同志为中国人民解放军白求恩国际和平

①《社会主义精神文明建设文献选编》，中央文献出版社 1996 年版，第 268 页。
②《邓小平文选》第 2 卷，人民出版社 1994 年版，第 367 页。

医院题词："做白求恩式的革命者，做白求恩式的科学家。"题词言简意赅，高屋建瓴地抓住了弘扬白求恩精神的根本，既具有现实性，又具有可操作性，为我们指明了弘扬白求恩精神应坚持的正确方向和应达到的目标。培养白求恩式的革命者，就要以白求恩为榜样，树立崇高的革命理想和坚定的政治信念，践行全心全意为人民服务的宗旨，陶冶高尚的道德情操；培养白求恩式的科学家，就要以白求恩为榜样，刻苦学习和掌握科学文化知识，对技术精益求精，当好本职工作的专家，并把自己的技术知识无私地奉献给党和人民的事业。邓小平同志指出："没有共产主义思想，没有共产主义道德，怎么能建设社会主义？"[①] "只靠坚持社会主义道路，没有真才实学，还是不能实现四个现代化。"[②] 要把我国建设成为现代化的社会主义强国，就必须坚持共产主义的远大理想，培养有理想有信念的一代新人；就必须掌握和发展现代科学文化知识和各行各业的新技术新工艺，培养有高度科学文化素质的劳动者。

1980年12月25日，邓小平同志在中央工作会议上提出了应该大力提倡和表彰的"五个庄严革命口号"，即"全心全意为人民服务""个人服从组织""大公无私""毫不利己、专门利人""一不怕苦、二不怕死"的口号。这些口号也是白求恩精神的生动体现，无论在革命战争年代还是社会主义建设时期都发挥了重要的激励作用。1982年4月，邓小平同志题词"发展中加两国人民的传统友谊"。白求恩医生不仅是中国家喻户晓的国际共产主义战士，也

---

①《邓小平文选》第2卷，人民出版社1994年版，第367页。
②《邓小平文选》第2卷，人民出版社1994年版，第262页。

是中国和加拿大的友谊使者。在中加关系发展的 50 余年间，虽然自主诉求和美国因素长期左右加拿大对华政策，但务实和远见始终是中加关系发展的主旋律，特别是加拿大医生白求恩的崇高精神和感人事迹激励着几代中国人，是中加两国友谊的见证和桥梁。

二、继承和发扬白求恩精神，全心全意为人民服务

把社会主义精神文明建设摆在更加突出的位置，强调社会主义不仅要满足人们日益增长的物质生活需要，而且还要满足人们日益增长的精神文化需要，是改革开放和社会主义现代化建设新时期的重要任务。江泽民同志指出："社会主义不仅要实现经济繁荣，而且要实现社会的全面进步。坚持社会主义物质文明和精神文明一起抓，是我们的基本方针。"[1] 江泽民同志多次发表重要讲话，高度评价白求恩精神，将白求恩作为全体党员干部的学习楷模，并号召全党重读毛泽东同志的《纪念白求恩》，做白求恩式的人，践行全心全意为人民服务的宗旨。

1989 年 11 月，在白求恩逝世 50 周年之际，社会各界再次掀起学习白求恩精神的热潮。李瑞环在纪念白求恩逝世 50 周年大会上讲道："白求恩精神已在中国人民中间形成一种风范、一种楷模、一种准则、一种传统。"[2] 并强调，"一个民族，一个政党，一个人，要想站立起来，有所作为，必须有一点精神，有一股志

①《十三大以来重要文献选编》（中），人民出版社 1991 年版，第 626 页。
② 马国庆：《白求恩援华抗战的 674 个日夜》，人民文学出版社 2015 年版，第 308 页。

气。如果一个民族不倡导自己的成员发扬奉献精神，这个民族就没有希望。如果一个政党不倡导自己的成员发扬奉献精神，这个党就失去人心。如果一个人只想索取，不愿奉献，这个人也就失去了人生的价值。现在我们国家经济文化还相当落后，人口很多，资源很紧，国际竞争的环境也很严峻，同发达国家的经济技术差距给我们的压力很大，阶级斗争由于国际国内的原因还将在一定范围内长期存在。这是一个根本的国情。这就决定了我们现在和今后几十年，一定要保持革命战争时期和创业时期的那样一种革命热情，那样一种艰苦奋斗、无私奉献的精神，并且适应新时期的情况和需要，把这种精神发扬起来"①。他号召全国人民，特别是各级党政官员要以白求恩为榜样，为推动社会风气根本好转而率先垂范。

1995年9月27日，江泽民在党的十四届五中全会召集人会议上发表题为《领导干部一定要讲政治》的讲话，再次向全党发出了学习白求恩的号召。江泽民在讲话中指出，各级领导干部尤其是高级干部务必带头加强党性锻炼，在改造客观世界的同时努力改造主观世界，严于律己，防微杜渐。党员领导干部不论职务高低、党龄长短，如果放弃世界观的改造，背离为人民服务的宗旨，把党和人民赋予的权力作为谋取私利的手段，就会身败名裂。因此，一定要解决好世界观、人生观问题。江泽民强调领导干部首先要堂堂正正做人，"我们的党员领导干部首先是高级干部，应该思想境界更

---

① 马国庆：《白求恩援华抗战的674个日夜》，人民文学出版社2015年版，第308页。

高一些，坚持党的事业第一，坚持人民的利益第一，为国家、为民族奋不顾身地工作。有了这样的精神支柱，站得就高了，眼界就宽了，心胸就开阔了，对个人的名利待遇等等，就能够正确处理"①。而领导干部应该做什么样的人呢？江泽民说："建议大家重读毛泽东同志的《纪念白求恩》。毛泽东同志要求共产党员学习白求恩同志毫无自私自利之心的精神，做一个高尚的人，一个纯粹的人，一个有道德的人，一个脱离了低级趣味的人，一个有益于人民的人。"②并强调："在发展社会主义市场经济的条件下，社会环境和战争年代大不一样了，毛泽东同志的这些话是不是过时了？没有过时，应该说更有现实性。各级领导同志更应该自重、自省、自警、自励，在各方面以身作则，树立好的榜样。"③

　　江泽民将白求恩精神作为新时期医疗卫生人员的精神标杆。在新的历史条件下，白求恩精神光辉依旧，面临职业道德新考验的新时期的医务工作者，要学习白求恩同志在思想、技术、工作作风等方面锐意进取、勇于革新和满腔热忱为人民服务的精神。1995年，全国卫生系统思想政治工作研究会召集在北京召开了第二次白求恩精神研讨会，探讨如何在市场经济体制下弘扬白求恩精神，加强精神文明建设，更好地为社会主义建设服务，为人民健康服务。之后，很多医院提出了培养政治坚定信得过、技术优良用得上、献身国防留得住的白求恩式医务人才的育人目标。

---

① 江泽民：《论党的建设》，中央文献出版社2001年版，第184页。
②《江泽民文选》第1卷，人民出版社2006年版，第456页。
③《江泽民文选》第1卷，人民出版社2006年版，第456页。

1997 年，江泽民同志为中国人民解放军白求恩国际和平医院题词"继承和发扬白求恩精神，全心全意为人民服务"，徐向前、聂荣臻等十几位老一辈革命家也曾为医院题词。

三、学习白求恩的行事原则

要不断提高全民族的思想道德素质和科学文化素质，进一步推进社会主义精神文明建设，为现代化建设提供强大的精神动力和智力支持。白求恩精神对于社会主义精神文明建设具有重要价值。

1995 年 7 月，胡锦涛同志在《领导干部要带头增强党性》的讲话中指出，"党员领导干部应该比一般党员、比其他社会成员更自觉地做到一切以党和人民事业为重。在利益面前，是先替自己打算，还是先人后己、先公后私、大公无私，随时都在检验着我们的党性。我们只能按后一种原则行事，努力达到像毛泽东同志所要求的那样，做一个高尚的人，一个纯粹的人，一个有道德的人，一个脱离了低级趣味的人，一个有益于人民的人"①。2000 年 1 月，在《唱响主旋律，打好主动仗》的讲话中，胡锦涛同志强调："我们不仅要自觉用马克思主义指导改造客观世界，而且要自觉用马克思主义指导改造主观世界，努力按照毛泽东同志要求的那样，做一个高尚的人，一个纯粹的人，一个有道德的人，一个脱离了低级趣味

---

① 《胡锦涛文选》第 1 卷，人民出版社 2016 年版，第 172~173 页。

的人，一个有益于人民的人。"[①]

2005 年 9 月 9 日，时任国家主席胡锦涛访问加拿大，华裔总督伍冰枝在总督府举行盛大欢迎仪式。胡锦涛和夫人乘敞篷马车抵达，在检阅仪仗队后，胡锦涛动情地讲道："今年是世界反法西斯战争胜利 60 周年，我们不禁想起不远万里援华抗战的白求恩大夫，他在中国战场救死扶伤的事迹感人肺腑，他的名字在中国家喻户晓。"[②]2006 年 11 月，时任国家主席胡锦涛赴印度进行国事访问期间，在孟买亲切会见了柯棣华大夫的亲属，深切感谢柯棣华大夫对中国人民抗战事业的支援，并充满感情地说："2008 年是柯棣华大夫赴华 70 周年，我们将举行活动纪念他、缅怀他。"[③]2010 年 6 月 24 日，时任国家主席胡锦涛再次踏上加拿大国土，继任总督米夏埃尔以同样的方式迎接中国元首。胡锦涛在致辞中说道："从 19 世纪中叶开始，中国人就来到加拿大，参与加拿大的开发与建设。第二次世界大战期间，加拿大人民的优秀儿子白求恩大夫不远万里到了中国，为支持中国人民抗击法西斯侵略者献出了宝贵生命，成为中加友谊的永恒象征。"[④]

---

① 《胡锦涛文选》第 1 卷，人民出版社 2016 年版，第 389 页。

② 马国庆：《白求恩援华抗战的 674 个日夜》，人民文学出版社 2015 年版，第 312 页。

③ 吴绮敏：《"缅怀中国人民的亲密朋友柯棣华大夫"——记胡锦涛主席会见柯棣华大夫亲属》，《人民日报》2006 年 11 月 24 日。

④ 《加拿大总督欢迎胡锦涛　胡锦涛在欢迎仪式上的致辞》，中国新闻网，2010 年 6 月 24 日，http://www.chinanews.com.cn/gn/news/2010/06-24/2361997.shtml。

第三节　新时代关于白求恩精神的论述

　　精神是一个民族赖以长久生存的灵魂。习近平总书记指出：
"人无精神则不立，国无精神则不强。"①中国精神生长于中华民
族数千年文明进步的历程中，是中华民族的优秀精神传统和宝贵精
神财富，也是千百年来中国发展进步的强大精神支柱和不竭精神动
力，早已内化为中华民族的性格特质和意志本色。经过 100 多年的
艰苦奋斗，我们党团结带领全国各族人民，把贫穷落后的旧中国变
成日益走向繁荣富强的新中国，中华民族伟大复兴展现出光明前
景。不忘初心，方得始终。融入中国精神洪流中的白求恩精神，在
新时代有新的发展和展现，成为新时代中华民族精神的新内容，也
是新时代中国人精神面貌的新写照。

一、中国人民不会忘记白求恩等国际友人

　　习近平总书记多次强调中国人民不会忘记白求恩等关心和支持中
国革命、建设、改革事业的国际友人。

　　2014 年 9 月 3 日，在纪念中国人民抗日战争暨世界反法西斯战
争胜利 69 周年座谈会上，习近平总书记指出，"我们不会忘记给
予中国人民道义和物质等方面支持的国家和国际友人，不会忘记在

---

① 习近平：《在纪念红军长征胜利 80 周年大会上的讲话》，人民出版社 2016 年版，第 9 页。

南京大屠杀和其他惨案中为中国难民提供帮助的外国朋友，不会忘记同中国军队并肩作战、冒险开辟驼峰航线的美国飞虎队，不会忘记不远万里前来中国救死扶伤的白求恩、柯棣华医生等外国医护人员，不会忘记真实报道和宣传中国抗战业绩的外国记者，不会忘记在中国战场上英勇献身的苏军烈士！中国人民将永远铭记各国人民为中国人民抗日战争胜利作出的宝贵贡献！"[①]

2015 年 9 月 3 日，在纪念中国人民抗日战争和世界反法西斯战争胜利 70 周年之际，习近平总书记在讲话中指出："中国人民永远不会忘记，世界上爱好和平与正义的国家和人民、国际组织对中国人民抗日战争给予的宝贵支持。"[②]

2016 年 7 月 1 日，习近平总书记在庆祝中国共产党成立 95 周年大会上的讲话中指出："95 年来，我们取得的一切成就，是一代又一代中国共产党人同中国人民接续奋斗的结果……我们深切怀念为中国革命、建设、改革，为中国共产党建立、巩固、发展作出重大贡献的毛泽东、周恩来、刘少奇、朱德、邓小平、陈云同志等老一辈革命家，深切怀念为建立、捍卫、建设新中国而英勇牺牲的革命先烈，深切怀念近代以来为中华民族独立和人民解放而顽强奋斗的所有仁人志士。……向一切同中国人民友好相处，关心和支持中国革命、建设、改革事业的各国人民和朋友，致以

---

① 习近平：《在纪念中国人民抗日战争暨世界反法西斯战争胜利 69 周年座谈会上的讲话》，人民出版社 2014 年版，第 10~11 页。
② 习近平：《在纪念中国人民抗日战争暨世界反法西斯战争胜利 70 周年系列活动上的讲话》，人民出版社 2015 年版，第 10 页。

衷心的谢意！"①

2020 年 9 月 3 日，在纪念中国人民抗日战争暨世界反法西斯战争胜利 75 周年座谈会上，习近平总书记指出：中国人民永远不会忘记，世界上爱好和平与正义的国家和人民、国际组织等各种反法西斯力量对中国人民抗日战争给予的宝贵援助和支持。……朝鲜、越南、加拿大、印度、新西兰、波兰、丹麦以及德国、奥地利、罗马尼亚、保加利亚、日本等国的一大批反法西斯战士直接投身中国抗战。加拿大医生白求恩、印度医生柯棣华不远万里来华救死扶伤，法国医生贝熙叶开辟运输药品的自行车'驼峰航线'……英国的林迈可、国际主义战士汉斯·希伯等记者积极报道和宣传中国抗战壮举。他们的感人事迹和崇高品格永远铭记在中国人民心中！"②

二、白求恩是新时代共产党员学习的榜样

每个时代都有每个时代的精神，每个时代都有每个时代的价值观念，但其精神体系的内核是一脉相承的，是中华民族精神在不同时期的丰富和发展。党的百余年历史中矗立着一座座可歌可泣的精神丰碑，记录着一代代中国共产党人团结带领中国人民砥砺前行的伟大传奇。白求恩精神作为党的伟大精神的重要组成部分，依然值得新时代共产党员学习与传承。

---

① 习近平：《在庆祝中国共产党成立 95 周年大会上的讲话》，人民出版社 2016 年版，第 5~6 页。
② 习近平：《在纪念中国人民抗日战争暨世界反法西斯战争胜利 75 周年座谈会上的讲话》，人民出版社 2020 年版，第 7 页。

2014 年 5 月 4 日，在北京大学师生座谈会上，习近平总书记在讲话中指出，人类社会发展的历史表明，对一个民族、一个国家来说，最持久、最深层的力量是全社会共同认可的核心价值观。核心价值观，承载着一个民族、一个国家的精神追求，体现着一个社会评判是非曲直的价值标准。①白求恩精神所体现的其"毫不利己、专门利人"的核心内涵与中国共产党提倡的社会主义核心价值观一脉相承、高度契合，具有教育人、鼓舞人、凝聚人、塑造人的磅礴之力。

2017 年 8 月 13 日，习近平总书记以普通党员身份参加所在党支部专题组织生活会，并在讲话中指出："希望大家做一个脱离低级趣味的人、高尚的人。同志们现在从事的是一项崇高的事业，在这里工作，升官发财请走别路，贪生怕死莫入此门。榜样是谁呢？张思德、白求恩、焦裕禄、麦贤得，有历史的楷模，也有时代的楷模。这些人都是在普通的岗位上，但他们有一颗金子般发光的心，我希望同志们的参照系就是这些楷模。大家一定要不断反省自己，以殷为鉴，远离危险，严守纪律和规矩，谨小慎微。"②

2021 年 2 月 20 日，习近平总书记在党史学习教育动员大会上强调："在一百年的非凡奋斗历程中，一代又一代中国共产党人顽强拼搏、不懈奋斗，涌现了一大批视死如归的革命烈士、一大批顽强奋斗的英雄人物、一大批忘我奉献的先进模范，形成了井冈山精神、长征精神、遵义会议精神、延安精神、西柏坡精神、红岩精

---

① 《"两学一做"学习教育手册》，人民出版社 2016 年版，第 222 页。
② 《习近平谈治国理政》第二卷，外文出版社 2017 年版，第 193 页。

神、抗美援朝精神、'两弹一星'精神、特区精神、抗洪精神、抗震救灾精神、抗疫精神等伟大精神，构筑起了中国共产党人的精神谱系。我们党之所以历经百年而风华正茂、饱经磨难而生生不息，就是凭着那么一股革命加拼命的强大精神。"[1]这些宝贵精神集中体现了党的根本宗旨、坚定信念、优良作风，凝聚着中国共产党人艰苦奋斗、牺牲奉献、开拓进取的伟大品格，深深融入我们党、国家、民族、人民的血脉之中，为我们立党兴党强党提供了丰厚滋养。

人无精神则不立，国无精神则不强，党无精神则不兴。在新时代，我们必须大力弘扬党的伟大精神，将党的伟大精神所蕴含的真理力量、理想力量、人格力量，转化为全党全社会向上向善的强大道德力量，转化为推动社会实践变革的现实力量。在党带领人民走向共同富裕和共产主义的未来，白求恩精神将永葆生机。习近平总书记指出："中国共产党人的初心和使命，就是为中国人民谋幸福，为中华民族谋复兴。"党员干部要做到"两个维护"、增强"四个意识"、坚定"四个自信"，时刻牢记为人民谋幸福的初心和使命，牢记全心全意为人民服务的宗旨，始终把人民放在最高位置，以"舍小我，成大我"的无私奉献精神，矢志不渝为人民群众努力奋斗。白求恩精神是党的初心和使命在医疗卫生领域的具体体现和现实担当，必将在未来释放更多、更大的能量。白求恩精神作为鼓舞社会向上向善的精神力量，已经成为教育全党激励中国人

---

[1] 习近平：《在党史学习教育动员大会上的讲话》，人民出版社 2021 年版，第 19 页。

民斗争的思想武器，成为提升全党战斗力、永葆党的先进性的理论指南。

80余年来，白求恩伟大的国际主义精神、救死扶伤的革命人道主义精神、毫不利己专门利人的共产主义精神，已成为一种风范、一种楷模、一种准则、一种传统，成为中华民族之魂的组成部分，在革命、建设、改革等重要历史发展时期，哺育着一代又一代中华儿女。

第三章

白求恩精神的具体内涵

对白求恩精神内涵的科学阐释，是从历史和现实、理论和实践层面认识、把握和弘扬白求恩精神的重要环节。毛泽东《纪念白求恩》一文，将白求恩精神凝练和概括为"毫不利己专门利人""对工作的极端的负责任""对技术精益求精""国际主义的精神""共产主义的精神"，白求恩精神在延安时期推动了党的思想建设，直到今天它不仅是督促共产党人不断完善自己、追求进步的一根标杆，而且是推动全社会树立正确职业观、科学精神的一面旗帜，还是推动构建人类命运共同体的重要价值追求。白求恩精神是对中华优秀传统文化的继承和升华，是对共产党人精神的高度概括和凝练，是推进伟大事业和伟大斗争的思想保证。

第一节　毫不利己、专门利人的奉献精神

"毫不利己、专门利人"字面意思为丝毫不为个人利益着想，一心一意做有利于他人的事情。毛泽东同志在《纪念白求恩》一文中做出诠释："白求恩同志毫不利己专门利人的精神，表现在他对工作的极端的负责任，对同志对人民的极端的热忱。""不少的人对工作不负责任，拈轻怕重，把重担子推给人家，自己挑轻的。一事当前，先替自己打算，然后再替别人打算。出了一点力就觉得了

不起，喜欢自吹，生怕人家不知道。对同志对人民不是满腔热忱，而是冷冷清清，漠不关心，麻木不仁。这种人其实不是共产党员，至少不能算一个纯粹的共产党员。"毛泽东同志在文章中号召共产党员学习白求恩的奉献精神，用犀利的语言批评了当时党内出现的利己行为。共产党员的道德精神要以无私的为民之心作为最紧要的前提之一。白求恩同志是一位外国人，是国际共产主义战士，但毛泽东同志对白求恩精神的概括是建立在对中华优秀传统文化的精通和运用基础之上的，是对马克思主义道德观、利益观在中国革命时期的继承和发展。因此，白求恩"毫不利己、专门利人"的精神，既有中华优秀传统文化的理论渊源，也是对马克思主义义利观的继承发展，并且成为我党的光荣传统和优良作风。

"毫不利己、专门利人"的奉献精神作为一种值得倡导的道德原则，实际上是传统文化中关于"利己"与"利他"、"利"与"义"关系的问题。义利之辨是中国古代哲学的重要论题。儒家代表人物孔子曰："君子喻于义，小人喻于利"①，将"义"与"利"作为区分君子和小人的重要标准。中国古代形成了以儒家"重义轻利"为主导，却又不尽一致的义利观。近代以来，西学东渐，以康有为、梁启超、严复和孙中山为代表的知识分子将西方的伦理思想引入中国。在义利观问题上，严复巧妙地利用西方功利主义原则、进化论原理和自然人性论，提出了"合理的利己主义"，认为对于人己、上下、公私，损害任意一方都是不恰当的，只有两利才是最

---

① 金良年：《论语译注·里仁》，上海古籍出版社 2004 年版，第 36 页。

好的结果，即"两利为真利""独利必不利"，但他认为应该把"为己"放在第一位，为己才能为群、为国[①]。

十月革命后，马克思主义的传入对中国传统的义利观产生了不小的冲击和影响。马克思主义的经典作家对利益观的基本观点可分为三个层次。首先，是对自私自利的资产阶级利益观的批判。恩格斯阐明了"所以道德始终是阶级的道德；它或者为统治阶级的统治和利益辩护，或者当被压迫阶级变得足够强大时，代表被压迫者对这个统治的反抗和他们的未来利益"[②]。归根结底，资产阶级的义利观是站在本阶级的角度，是一种自私的、利己的价值观。其次，马恩充分肯定了满足个人需求和利益追求的重要性。马克思、恩格斯在《神圣家族》中说：任何革命都不是为了某一种纯粹思想，而是为了实际的物质利益，"思想"一旦离开"利益"，就一定会使自己出丑。最后，马克思和恩格斯肯定了个人与全人类利益相统一的无产阶级利益观。无产阶级和资产阶级的道德不同，是要将个人与全人类的利益相统一。"只有在集体中，个人才能获得全面发展其才能的手段，也就是说，只有在集体中才可能有个人自由。"[③]

毛泽东同志将马克思主义的利益观与中国传统的义利观、中国革命的具体实际相结合，形成了具有中国特色的义利观。《纪念白求恩》一文为全党和全国人民树立了一个生动的为人民服务的典

---

① 张锡勤：《中国近代思想文化史稿》，黑龙江出版社 2004 年版，第 416~417 页。
②[德] 恩格斯：《反杜林论》，人民出版社 1999 年版，第 97 页。
③《马克思恩格斯全集》第 3 卷，人民出版社 1960 年版，第 84 页。

范，白求恩同志用一生向全世界展现了"毫不利己、专门利人"、为人民服务的价值追求和精神境界，彰显了一名伟大的国际共产主义战士的义利观。毫无自私自利之心，不追求名利，时刻惦念着伤员、人民群众和中国的革命事业，并为此耗尽生命的最后一点光和热。通过一些典型案例，我们可以知道白求恩"毫不利己、专门利人"高贵品质主要体现在三个方面。

一、艰苦朴素，无私奉献

白求恩同志为了援助中国人民的解放事业，抛弃了优裕的生活，远涉重洋，来到中国抗战最前线救死扶伤。在艰难的抗战生活中，白求恩坚决和八路军保持一致，当有人给他弄肉吃时，他反驳道："我要吃素菜，我们八路军是艰苦奋斗的，你们弄肉给我吃，这样招待我不好。"[1]这样朴实的白求恩，真真切切地让我们感受到了八路军艰苦奋斗的精神。他谢绝了每月一百元的津贴，衣食一切均自己供给，曾说"在前线我是年纪最大的战士。我为这一点感到骄傲。可是我仍然是战士啊，不能特殊。……过去的生活曾经引诱过我，但是为了理想，那些日子就让他一去不复返了吧！这儿的生活相当苦，而且有时非常艰难，但是我过得很快乐"[2]。

---

[1] 毛泽东：《纪念白求恩》，人民出版社 1979 年版，第 196 页。
[2] 毛泽东：《纪念白求恩》，人民出版社 1979 年版，第 195 页。

无私奉献、敢于斗争、勇于奉献是共产党人的典型气质，这一点在白求恩身上体现得很明显。1938 年 6 月，白求恩在山西五台县松岩口军区后方医院讲授输血技术。"输血"在当时是一个比较新鲜的技术，中国在大城市只有少数几家医院才能开展。在野战医疗条件下输血，是人们连想也不敢想的事情。当有伤员需要输血时，白求恩毫不犹豫地说："我是'O'型，万能输血者，我可以输……前方将士为国家、民族打仗，可以流血牺牲，我们在后方的工作人员取出一点血液补充他们，有什么不应该的呢？"[1] 血液对于每个人来说都是宝贵的。为了抢救伤员，白求恩带头献血，用自己的鲜血抢救中国的抗战战士。在他的感染下许多八路军的医务人员和根据地的人民群众纷纷开始自愿献出鲜血。

二、不顾安危，一切为伤员着想

白求恩特别具有自我牺牲精神，不顾个人安危，一切为伤员着想。1938 年 11 月底，白求恩同志率领医疗队到山西雁北地区，当时战况十分激烈。白求恩在炮火中抢救伤员，敌机在手术室上空盘旋投弹，炸弹落在手术站的小庙旁，情况十分危急，同志们都劝白求恩暂时转移，他斩钉截铁地回答："前方战士的岗位在战斗的火线，我们的战斗岗位在手术台，前方战士不会因为轰炸而停止战斗，我们也不能因为轰炸而停止手术。"[2]

---

[1] 毛泽东：《纪念白求恩》，人民出版社 1979 年版，第 191 页。
[2] 毛泽东：《纪念白求恩》，人民出版社 1979 年版，第 215 页。

　　1939 年春天，白求恩带领东征医疗队穿过平汉铁路封锁线来到冀中前线。当时正是敌我斗争十分尖锐、激烈的时候。一到前线，白求恩顾不上吃饭休息，立刻要求工作，面对劝阻，他说："我是来工作的，不是来休息的。"随后，就展开了最危险的前线救援工作。为了减少死亡和缩短滞院时间，他坚决主张手术医生上火线，尽可能在当时当地给伤员施行手术。枪声在哪里，他就往哪里跑。"一切为伤员着想"，是白求恩的工作宗旨。他的手术台离火线最远不到 8 里，近的只有二三里。齐会战斗时，白求恩在离前线只有 5 里的破庙建立了手术室，手术过程中时有弹片飞过，甚至小庙的外墙都被炮弹炸翻，但白求恩依然埋头工作，不肯后撤，连续三天三夜，没离开手术室。只要工作需要，白求恩总是奋不顾身，把个人安危置之度外。短短四个月，白求恩就做了战地手术 315 次，行程 1504 多华里，建立手术室和包扎所 13 处。他在日记中写道："我唯一的希望就是能够多有贡献。"这崇高的愿望，从他一生的革命实践中得到最有力的证明。甚至在生命的最后一刻，他仍然惦念着中国的革命事业和与他一起并肩战斗的同志。

　　在冀中平原河间县四公村西南有条古阳河，河对面不远就是敌人的炮楼，敌人在这一带活动频繁，但是，这个村子里隐藏了几十名八路军伤员。白求恩知道这个消息后，找到了贺龙师长，一定要去四公村，贺龙当然不会同意，那里太危险了。白求恩争辩说："我是军区的卫生顾问，要是因为危险就不去看伤员，便是失职。"1939 年 11 月，白求恩从前线回来后陷入伤病，即使这样，他还是不放弃救助病人的每一个机会。他对翻译朗林说："我的身体整天发冷发热到不能支持的程度（热度高至39.6摄氏度左右）。因此我只好通知他们如有腹部伤、股骨骨折或头部负伤的伤员送来，马上要通知我。"[①]1939年11月11日下午4时20分，白求恩从病床上挣扎着坐起来，开始给聂荣臻同志写信。

遗书

——致聂荣臻同志

亲爱的聂司令员：

今天我感觉非常不好——也许我会和你永别了！请你给蒂姆·布克写一封信——地址是加拿大多伦多城威林顿街第十号门牌。

用同样的内容写给国际援华委员会和加拿大和平民主同盟会。

告诉他们我在这里十分快乐，我唯一的希望就是多有贡献。

也写信给白劳德，并寄上一把日本指挥刀和一把中国大砍刀，报告他我在这边工作的情形。

这些信可用中文写成，寄到那边去翻译。

把我所有的相片、日记、文件和军区故事片等，一概寄回那边去。由蒂姆·布克负责分散。并告诉他有一个电影片子将要完成。

[①] 韩海山等：《白求恩在唐县》，河北人民出版社1990年版，第137~138页。

把我的皮大衣给蒂姆·布克，一个皮里的日本毯子给约翰·艾迪姆斯，那套飞行衣寄给伊尼克·亚当斯吧！另一条日本毯子给帕拉西斯特拉。

……

在一个小匣子里有个大的银戒指（是布朗大夫给我的），要寄给加拿大的玛格丽特。蒂姆·布克知道她的地址。

我还没有穿过的两双新草鞋，送给菲利普·克拉克。那面大的日本旗送给莉莲。

所有这些东西都装在一个箱子里。

用林赛先生送给我的那十八元美金作寄费。这个箱子必须是很坚固，用皮带捆住锁好，再外加三条绳子保险。

请求国际援华委员会给我的离婚妻子（蒙特利尔的弗朗西斯·坎贝尔夫人）拨一笔生活的款子，或是分期给也可以。在那里（对她）所负的责任很重，决不可为了没有钱而把她遗弃了。向她说明，我是十分抱歉的！但同时也告诉她，我曾经是很快乐的。

将我永不变更的爱送给蒂姆·布克以及所有我的加拿大和美国的同志们。

两个行军床，你和聂夫人留下吧，两双英国皮鞋也给你穿了。

骑马的马靴和马裤给冀中军区的吕司令员。

——摘自章学新：《白求恩传略》，福建人民出版社1984年版，第214页。

1940 年 1 月 4 日，时任晋绥军区司令员的吕正操在唐县出版的《抗敌三日刊》追悼国际友人白求恩大夫专刊上发表《"我唯一的希望是能够多有贡献"——纪念伟大的共产主义战士白求恩》，他在文中说，"白求恩在冀中虽然只有很短的四个月，但是他那舍己为人的献身精神，热忱负责、一丝不苟的工作作风，精益求精、勇于创新的科学态度，至今仍深深铭刻在我们心中"。

三、以人民的事业为最高追求

白求恩用他高明的医术服务于世界人民反法西斯事业。西班牙人民反抗德意法西斯侵略战争期间，白求恩奔赴西班牙参与医疗工作，在马德里、巴塞罗那组织了输血运动。在他的努力下，救治了数万受伤的兵士和民众。为了帮助中国人民的抗日战争，他又远涉重洋，来到中国，领导和参与了根据地的医疗工作。

白求恩无限热爱人民，无比憎恨法西斯。他对人民满腔热忱，平等看待一切伤病员、一切同志、劳动人民。他的体贴关心，无微不至，表现了他对人民无限的忠诚热爱和无私帮助。1938 年 9 月 13日，白求恩在日记中写道："我没有钱，也不需要钱，可是我万分幸运，能够来到这些人中间，在他们中间工作。"①白求恩同志真的是将中国人民的革命事业当成他个人的事业，每时每刻都在想着和大家一起战斗。白求恩曾说："我们到人民中间去，把医药直接

---

① 毛泽东：《纪念白求恩》，人民出版社 1979 年版，第 120 页。

送给贫民，取消挂牌行医，改变整个医疗制度，到每幢房区里去，到每个农庄去，挨家挨户，把医药送到最需要的人们那里去。"白求恩以人民的事业为崇高追求，以自己不朽的崇高行为体现了一位国际共产主义战士的人民观，增进了中国人民和世界进步人民之间的友谊。

因为施行手术中不幸被病毒感染，白求恩同志于 1939 年 11 月 12 日凌晨 5 时 20 分，在河北省唐县黄石口村去世，这封遗书写于他去世前一天的下午。白求恩在生命的最后一刻，将自己仅有的"财产"送给了自己的亲友和在中国并肩战斗的同志，他将自己的一生都献给了伟大的共产主义事业。1939 年 12 月 1 日下午，延安各界代表聚集在中央大礼堂，沉痛悼念这位伟大的国际主义战士。诚如加拿大民主书报俱乐部古柏先生所说："加拿大的人民，因为有如此伟大光荣的子孙而感觉骄傲。"世界一切反法西斯战士，都应当学习和发扬他的优良品质和国际主义精神。

白求恩"毫不利己、专门利人"的高贵品质，是他留给中国人民和全世界无产者的宝贵精神财富，也是每一位共产党人的精神追求。白求恩不计较个人得失，全身心投入自己钟爱的事业中并为此战斗至最后一刻，燃烧尽生命最后的光和热，是每一位共产党人的楷模。在我们党革命、建设和改革的不同时期，白求恩"毫不利己、专门利人"和为人民服务的精神，一直发挥着重要的精神指引作用。

第二节　热忱工作、精益求精的职业精神

　　社会主义职业精神是社会主义精神体系的重要组成部分，本质是为人民服务。社会主义职业精神由多种要素构成，这些要素分别从特定的方面反映着社会主义职业精神的本质和内涵，同时又相互融合，形成严谨的职业模式和丰富的职业内涵。毛泽东同志在《纪念白求恩》一文中盛赞白求恩热忱工作、精益求精的职业精神，"白求恩同志是个医生，他以医疗为职业，对技术精益求精；在整个八路军医务系统中，他的医术是很高明的"。

　　中国历来以"文明古国"著称于世，古往今来，没有哪一个民族能够像中华民族这样具有如此深厚漫长而统一的传统道德文化。因而，继承和发扬中华优秀传统道德文化，是发扬社会主义职业精神的基本原则之一。中华优秀传统文化中所蕴含着的对敬业精神、职业观的表述，大致可以分为三个层次：视敬业为人生的道德修养，主张业广惟勤、爱业乐业的敬业态度，秉持敬业乐群、业以济世的奉献精神和社会理想。《论语》曰："执事敬""事思敬""修己以敬""敬其事而后其食"，表现为对工作的虔诚敬重、有强烈的道德责任感和使命感，视"鞠躬尽瘁，死而后已"为最高境界。《尚书》有云："功崇惟志，业广惟勤。"勤表现为热忱工作、不辞劳苦、忠于职守。《周易·乾卦》曰："天行健，君子以自强不息。"刚健有为、积极进取、精益求精才能建功立业。"敬业，谓艺业长者，敬而亲之；乐群，谓群居朋友善者，愿而乐之。"突出

在群己关系中理解个人职业的价值和意义①。

白求恩既有救死扶伤的医者仁心仁术，又有身先士卒的优秀品质，还具备艰苦奋斗、自强不息的进取精神，他的精神与中华民族精神是息息相通的。在中国的抗战岁月中，白求恩就是将自己本职工作与个人价值追求、道德修养、共产主义的信仰和全人类福祉紧密结合的光辉典范，他在工作中展现出的大无畏的革命精神、革命乐观主义精神和崇高的职业素养，传承了中华传统职业精神的精髓，树立了社会主义职业精神的丰碑和发展方向，是党员干部学习的榜样。通过一些典型事例，我们可以将白求恩热忱工作、精益求精的职业精神归纳为三个方面。

一、不惧困难，夜以继日地工作

古人云"业精于勤"，勤业在职业精神中是不可或缺的一部分。毛泽东同志在《纪念白求恩》一文中充分肯定了"勤业"一词。他指出："白求恩同志毫不利己专门利人的精神，表现在他对工作的极端的负责任，对同志对人民的极端的热忱。"②在当今社会中，从业者不仅要端正自己的职业态度，更要努力提高自己的职业能力，而能力的提高需要勤奋的实践才会实现。只有做到业精于勤、以勤为本，才能做出一番成就。

白求恩在日常工作中始终贯彻着对工作的热忱和对技术的精益

①董冰：《传承弘扬中华优秀传统文化中的敬业精神》，《光明日报》2019年1月4日。
②《毛泽东选集》第2卷，人民出版社1991年版，第659页。

求精。1938年6月，白求恩刚到晋察冀军区就要求马上开始工作，他对聂荣臻司令员说："我是来工作的，不是来休息的，你们要把我当一挺机关枪使用。"[①]

面对不断变幻的战场形势，白求恩建议组织"流动医疗队"，他提出了一个响亮的口号："到伤员那里去！哪里有伤员，我们就应该到哪里去！"军区领导支持白求恩的倡议。于是他立即草拟"战地流动医疗队"组织配备方案。每个医疗队配备三名医生，麻醉师、护士、炊事员各一人，勤务员、饲养员各二人。携带的器材包括一个手术室、一个包扎室和一个药房的必需品。这些用品可以供施行一百次手术和五百次包扎之用，由两头牲口驮运。他特地为"流动医疗队"设计了一个药驮子，药驮子是用木板制作的，外形像江南的石桥。"桥"的顶面上装有各种外科用的夹板，两边的"桥"墩是两只箱子，里面有抽屉，用于分装手术器械和各种药品。"桥"洞就是骡马背驮的地方。使用的时候，把"桥"从牲口背上卸下来，放在手术室里，再取下箱子的门，铺在"桥"顶上，就组成了一个简易的换药台。他把这种药驮子命名为"卢沟桥"。同志们问他是什么意思。他解释道："因为它的样子象（像）桥；也因为日本法西斯是在卢沟桥首先发起进攻的，所以我叫它'卢沟桥'，作为纪念。"[②]

1939年2月，白求恩率领东征医疗队去冀中前线，当时有大量伤员无法集中到医院治疗，白求恩坚决要求上前线。驻军首长不同

---

① 毛泽东：《纪念白求恩》，人民出版社1979年版，第12~13页。
② 章学新：《白求恩传略》，福建人民出版社1984年版，第110页。

意，他说："你们不要把我当成明朝的古董，要拿我当一挺机关枪使用。"[1] 白求恩同志高尚的共产主义品质，表现在他对工作无限的责任心，即使已经快 50 岁了，他仍不惧任何危险和困难，亲赴火线抢救伤员。正如他自己所说："一个革命医生坐在家里等着病人来叩门的时代已经过去了，医生应该跑到病人那里去，而且愈早愈好。"[2] 白求恩总是出现在最危险、群众最需要的地方。

1939 年 3 月 3 日，是白求恩的生日，他在日记里这样写道："今天是我四十九岁生日。我有这个足以自豪的荣誉——在前线我是年纪最大的战士。这一天，我是在床上消磨的。我是在早晨六点钟上床。从昨天下午七时起，我一直在做手术。在四十个重伤员中，我做了十九个手术。我们先给比较轻的伤员上药，然后给那些马上需要动手术的人做手术。一共做了三个锯治头颅碎骨手术、两个离断大腿手术、两个缝合小肠穿口手术、六七个胳臂和腿部严重碎骨伤手术，其余的是比较小的手术。"[3] 白求恩同志不怕困难，面对敌人的炮火，面对有可能威胁到生命的危险，为了中国人民的革命事业和伟大的共产主义事业，甘愿奉献自己的所有，乃至生命。

二、对工作充满激情，将其作为快乐源泉

敬业是职业精神的首要内涵，是指劳动者为适应社会发展的需要

---

[1] 毛泽东：《纪念白求恩》，人民出版社 1979 年版，第 215 页。
[2] 毛泽东：《纪念白求恩》，人民出版社 1979 年版，第 6 页。
[3] 章学新：《白求恩传略》，福建人民出版社 1984 年版，第 156 页。

对自己的职业所持的尊敬和热爱的态度[1]。人们从事职业活动，既是对社会承担职责和义务，又是对自我价值肯定和完善。敬业和从业者多方面的发展有着密切的联系，从业者想要通过自身的职业实践实现自己的人生价值和目标，就必须对职业持着尊敬、热爱的态度，这也是从业者发扬职业精神的核心内容。白求恩作为医务工作者投入中国人民的抗战中，兢兢业业、不分昼夜地全身心投入救治伤员之中，深刻体现了敬业的精神。

1939 年 8 月 13 日，白求恩给英国朋友的信中介绍了自己的工作情况："在一个肮脏的小庙里，身后一尊二十英尺高的、脸部毫无表情的佛像凝视着我——即便在这样的条件下，我也能泰然自若地进行手术，就如同在一间有自来水、漂亮的绿瓷墙、电灯及各种附属设备的现代化手术室里一样。"

1938 年 8 月 21 日，白求恩在给朋友的信中继续写道："我做了一整天手术，确实很累。共十例，其中五例很严重。第一例颅骨开裂，大脑露了出来。需要除去四块小碎骨和脑前叶的一部分。他是一位团长，我希望他能活下来。今晚他看上去情况良好，没有麻痹症状。我确实累了，但我好长时间没有这样高兴了。我很满意，我正在做我想做的事。为什么不应该高兴呢？——看看我的财富都由什么组成的吧：首先，我从早晨五点半直到晚上九点，每分钟都有重要的工作，我是被用得上的，这里需要我……"[2] 一天深夜，前线送来了 9 名重伤员，大家考虑到白求恩午夜 12 点才做完手术

---

[1] 祁涛、王若虹：《敬业：社会主义职业道德的核心理念》，《安阳日报》2013 年 8 月 19 日。
[2] 章学新：《白求恩传略》，福建人民出版社 1984 年版，第 84 页。

去休息，便没有惊动他，只是给伤员做了处置。次日，白求恩知道了这件事情之后，焦急地对大家说："对抢救重伤员来说，时间就是生命！将士们在前方不怕流血牺牲英勇杀敌，我们在后方工作，三五个晚上不睡觉又有什么关系呢？今后不许这样照顾我。能抢救一个伤员，能为伤病员减轻一分痛苦，就是我们医务工作者的最大愉快。"① 白求恩同志对工作充满热情，他认为能够把伤员从死亡线上拉回来，能够被需要，就是很快乐幸福的事情。

　　在河北平山县，他的这种乐观主义精神，使大家在艰苦的物质生活条件下充满生活的乐趣。他给朋友的信中写道："……这儿生活相当艰苦，而且有时候相当艰难。但是我过得很快乐。这北方的原野，使我想起我在安大略州北部未开垦地带的童年生活。"② 1938年8月22日，白求恩在冀西巡回视察时，在日记中这样写道："这些战士是非凡的人物……他们不过是'穿着军装的劳动人民'罢了……为他们服务，确实是一种幸福。"③ 字里行间洋溢着对中国人民真挚的感情。1939年白求恩根据中国战地医疗工作的实际经验写了《游击战争中师野战医院的组织和技术》这本书，他这样描写当时的状况："卫生工作人员正在向千百个困难作斗争——粗劣的器械、困难的经济、技术人员的缺乏。所谓的'医院'里，不过是简陋的土房子、石房或破庙。"④ 心中有信仰，脚下有力量，即便在艰苦的环境中白求恩也能保持乐观的心态，全身心投

---

① 毛泽东：《纪念白求恩》，人民出版社1979年版，第234页。
② 章学新：《白求恩传略》，福建人民出版社1984年版，第112页。
③ 毛泽东：《纪念白求恩》，人民出版社1979年版，第119页。
④ 毛泽东：《纪念白求恩》，人民出版社1979年版，第54页。

入工作。

三、对工作精益求精，注重实践创新

　　创业就要创新，创新是职业精神的内在动力，职业发展的原动力在于创新。面对时代日新月异的科技进步，从业者在从事职业活动时必须跟紧时代潮流，拓展自己的知识面，要有技巧地掌握方法，学会创新、学会实践，才能有所突破、有所发展、有所成就。白求恩不仅敬业、勤业，而且时时刻刻表现出创业的精神。他在极其简陋的条件下，创建医院、设立标准，为中国共产党的军队建立起一套行之有效的医疗制度，最大限度地救治了伤员，这是其创业、创新精神的深刻体现。1938 年 9 月，在模范医院落成的开幕典礼上，白求恩在讲话中强调了技术对中国劳动人民的重要性，他说："技术掌握在中国劳动人民的手里，一定会使中国成为一个促进世界和平的强国。那么中国必须模仿日本么（吗）？是的，在许多方面都要模仿，我们必须向我们的敌人学习；我们必须在掌握技术方面效法他们，并且超过他们。"他坚定地说："运用技术，培养领导人才，是达到胜利的道路。"[①]

　　白求恩具有崇高的职业素养，这早在他来中国之前就展现出来了。1936 年 4 月，在蒙特利尔内外科学会的医学经济学专题讨论会上，白求恩发表了《从医疗事业中清除私利》，对于医生提出了

---

① 毛泽东：《纪念白求恩》，人民出版社 1979 年版，第 37 页。

几点明确的看法。他说："让我们把盈利、私人经济利益从医疗事业中清除出去，使我们的职业因清除了贪得无厌的个人主义而变得纯洁起来。让我们把建筑在同胞们的苦难之上的致富之道，看作是一种耻辱。让我们组织起来，使我们自己不再像现在这样受政客们的剥削。让我们重新给医疗道德下个定义——不是作为医生之间职业上的一种陈规陋习，而是医学界和人民之间的基本道德和正义准则。让我们医学界更多地讨论我们时代的重大问题，而不是尽讨论有趣的病例；更多地讨论医疗事业与国家的关系，讨论这一职业对人民的责任，讨论我们生活于其中的经济和社会制度。"[1] "医务工作（者）必须成为传统的、一贯利于他人的人民健康的捍卫者。"[2]他又说："让我们不要对人民说：你们有多少钱？"而是说："我们怎样才能为你们服务得最好。"我们的口号应该是："我们是为你们的健康而工作的。"[3]白求恩认为医务工作不应以赚钱营利和追求私人经济利益为目的，而应该以人民群众的健康为重，或者从更宏观的视野关注时代的需要、医疗事业与国家的关系、人民的健康、经济和社会制度。他展现出了一名伟大共产主义战士的专业素养、博大胸怀和宽广的视野。

白求恩大夫时时刻刻都把病人放在第一位，对于工作质量和服务标准，要求极其严格和细致。当他到病房看到一个医生给伤员换药时手比较重，伤员疼得"哎哟"叫了一声，白求恩严肃地批评

---

① 毛泽东：《纪念白求恩》，人民出版社 1979 年版，第 33 页。
② 毛泽东：《纪念白求恩》，人民出版社 1979 年版，第 33 页。
③ 毛泽东：《纪念白求恩》，人民出版社 1979 年版，第 34 页。

了那位医生；当一位伤员病情的确诊需要闻粪便时，医生却草草闻了，白求恩看见了之后，亲自去仔细地检查了伤员的粪便并确诊，之后把那位医生叫到自己办公室说："我们要把伤员当成自己的亲人，倍加关怀爱护，宁可牺牲自己的利益，也不能叫他们受痛苦。"[①] 当他发现一个护士给伤员换药时瓶里的药和瓶签不一致，他严厉地批评说："同志，要知道这种马虎粗心的工作作风会致人死地的……"[②] 当白求恩到伙房询问炊事员伤员的伙食，了解到炊事员是随便做的之后，白求恩摇摇头说："这样工作不行啊！你们应该首先了解伤病员，懂得他们的病情，重伤员应该吃什么，轻伤员应该吃什么，在物质条件许可的条件下必须分别照顾，否则就会影响伤员的身体健康和治疗效果。"[③] 类似的例子还有很多。

有一次，一位伤员右手的五个手指全部被打烂，大家决定给他做截肢手术。白求恩问了准备手术的医生们的处理方案，然后否定了他们的决定，白求恩想要保住伤员的拇指，哪怕是一个。他说："手是劳动的器官呀！你别小看一节手指，只要能留住它，对伤员将来的生活是大有用处的。"[④] 又有一次，白求恩在病房检查伤员时发现一名上肢负伤的伤员由于处理不当，右臂已经变形，白求恩十分生气恼火，并说："纵使一个连长丢了一挺机关枪，不用说是要挨批评的。枪还可以从敌人手里缴获，可是失掉了一个战士的臂

① 冀军梅、侯志宏：《白求恩的故事》，河北少年儿童出版社 1996 年版，第 247 页。
② 毛泽东：《纪念白求恩》，人民出版社 1979 年版，第 221 页。
③ 毛泽东：《纪念白求恩》，人民出版社 1979 年版，第 222 页。
④ 冀军梅、侯志宏：《白求恩的故事》，河北少年儿童出版社 1996 年版，第 129 页。

膀，这种损失是无法补偿的！"①

白求恩在 1938 年 12 月《给聂荣臻同志的工作报告》中写道："过去常发生护理不当的褥疮，其严重程度，甚至有过于原来的伤口！"②白求恩检查病房时，一进门先用鼻子到处闻，哪儿有味道，往往就是那儿的伤员伤口起了变化，他就先行检查处理。他走到伤员身边，就伸手到褥子下面去摸，如果是湿的，他当场就找护士给解决。如果碰到伤员的身体时伤员猛一动弹，他立刻就知道伤员生了褥疮，他就要批评护士。他经常对医务工作者说："病人生了褥疮，就是我们医务人员的罪过。病人本来就很痛苦，生褥疮更增加了痛苦。病人不能动，你们要帮他翻身，病人的被褥湿了，要立刻换上干的。"③白求恩不仅用他精湛的医术救死扶伤，而且饱含仁爱之心，处处为病人着想，展现了一位共产党员的优秀品质。

白求恩要求："每一个从事救治伤病员工作的人……你要时时刻刻想着伤病员，时时刻刻问自己：'我还能多帮助他们么（吗）？'你要想办法去提高你的工作（能力），掌握你（应掌握）的技术。"④在 1939 年 11 月 9 日起草的《军区卫生部视查团工作报告》中，白求恩说："不仅用口说明怎样工作，而且表演示范，而后再让学者照此去做，使学者真正学一点懂一点。"⑤1942年，朱德写了《纪念白求恩同志》来表达自己对白求恩的思念，文

---

① 冀军梅、侯志宏：《白求恩的故事》，河北少年儿童出版社 1996 年版，第 168 页。
② 毛泽东：《纪念白求恩》，人民出版社 1979 年版，第 108 页。
③ 毛泽东：《纪念白求恩》，人民出版社 1979 年版，第 234 页。
④ 章学新：《白求恩传略》，福建人民出版社 1984 年版，第 250 页。
⑤《华北军区卫生建设史料汇编》，华北军区后勤卫生部 1949 年编辑出版，第 27 页。

中写道，白求恩以极端负责任的态度来对待自己的工作，并且教育周围一切人，从医生、护士到勤务、马夫，告诉他们："没有哪一件工作是小的，没有哪一件工作是不重要的。要学习独立工作，不要那半斤八两的帮助。空谈代替不了行动，话是人们发明来描写行动的，照它底本来的目的去用它吧。"①

面对现实困难，白求恩因地制宜地开展工作，创新工作方法。面对严峻的战场形势，他创立了"战地流动医疗队"，还为"流动医疗队"设计了一个药驮子，命名为"卢沟桥"。在模范医院里，白求恩制定了"消毒十三步"的操作规程。就是先把使用过的旧敷料，经过严格分类：不能再用的，立即运送到指定的地点深埋或烧毁；能够再用的，按脓血染污的程度，分别进行彻底的处理（先放入"浸洗盆"里洗去脓血，再放入"搓洗盆"里认真搓洗，然后用温水漂洗，在阳光下晒六个小时，之后折叠、缠卷好，装入布袋，在蒸笼里蒸四小时至六小时）。从分类、洗濯到消毒，共经过十三道手续。这样使循环使用的敷料完全符合医疗的要求。这个"消毒十三步"的办法，后来在解放区各医院里被普遍推广②。白求恩善于用理论指导实践，在实践中创新思路、推动工作。

---

① 毛泽东：《纪念白求恩》，人民出版社 1979 年版，第 6 页。
② 章学新：《白求恩传略》，福建人民出版社 1984 年版，第 91 页。

第三节 国际主义精神、共产主义精神

国际主义的核心内容是国际无产阶级团结起来反对国际资本主义，建立无产阶级专政，实现共产主义。国际主义精神超越了狭隘的国家界限、民族界限，它体现了无产阶级的博爱胸怀、团结联合。共产主义是人类最理想的社会制度，初级阶段是社会主义，高级阶段是共产主义。在共产主义阶段生产力高度发展，社会产品极大丰富，人们具有高度的思想觉悟，劳动成为生活的第一需要，消灭了三大差别，实行共产主义公有制，实行"各尽所能，按需分配"。共产主义精神是在为共产主义奋斗历程中形成的，体现了共产主义理想、风格和情操的思想意识。白求恩精神就是国际主义精神、共产主义精神的典型代表。

毛泽东同志在《纪念白求恩》一文写道："一个外国人，毫无利己的动机，把中国人民的解放事业当作他自己的事业，这是什么精神？这是国际主义的精神，这是共产主义的精神，每一个中国共产党员都要学习这种精神。"接着，从理论的角度对国际主义精神作出阐释，"列宁主义认为：资本主义国家的无产阶级要拥护殖民地半殖民地人民的解放斗争，殖民地半殖民地的无产阶级要拥护资本主义国家的无产阶级的解放斗争，世界革命才能胜利。白求恩同志是实践了这一条列宁主义路线的"。最后呼吁："我们中国共产党员也要实践这一条路线。我们要和一切资本主义国家的无产阶级联合起来，要和日本的、英国的、美国的、德国的、意大利的以及一切资本主义国家的无产阶级联合起来，才能打倒帝国主义，解放我们的民族和人民，解放世界的民族和人民。这就是我们的国际主义，这就是我们用以反对狭隘民族主义和狭隘爱国主义的国际主义。"①白求恩同志是一个外国人，是国际共产主义战士，但毛泽东同志对他精神的概括是建立在对中华优秀传统文化精通和运用基础之上的，并对马克思国际主义思想进行了科学的传承和创新。因此，白求恩的国际主义精神、共产主义精神，既有其中华优秀传统文化的理论渊源，又实践了马克思国际主义的价值观念，在白求恩的日常言行中得到充分体现，是我们党的优良传统，对当下社会也有重要指导作用。

中华文化源远流长，儒家思想一直是中国古代社会的正统思想。儒家思想以"家""国""天下"为核心概念，主张通过"修身""齐家""治国"逐步实现"平天下"的最高理想。北宋张载提出著名的横渠四句，"为天地立心，为生民立命，为往圣继绝学，为万世开太平"②，体现了中国人为人类开创千秋万世太平世界的决心和自信。"天下一家"是指圣人通过通晓天下之人情义利患，然后能使天下和合共为一家。《诗经》中"溥天之下，莫非王土；率土之滨，莫非王臣"③的观念，也为天下一家观念提供了理论支持。古人立足于自身视野而提出的世界观，集中反映为古代圣贤的"天下一家"概念，侧重于怎么去看待、理解这个世界。中华

---

① 毛泽东：《纪念白求恩》，人民出版社 1979 年版，第 1~2 页。
② 张载：《张载集·语录》，天津古籍出版社 2016 年版，第 95 页。
③《诗经·小雅·北山》，中华书局 2019 年版，第 269 页。

传统文化向来注重"天人合一"思想，认为天地化生万物又包容万物。儒家的天人合一思想凸显人的主动性，道家则强调人与自然关系的协调。今天我们讲"天人合一"，不仅要求我们要尊重自然、保护自然，而且在处理人与人关系、国与国关系时也要尊重对方的生活方式、社会习俗，以及经济、政治、历史发展的规律。

在现代世界，地球成为地球村，国家间联系越来越紧密，包含着我国古老的哲学思想和政治智慧的"天人合一"思想，无疑成为解决国际争端和危机的合理选择。对美好生活的向往是我国古代人民共同的心愿。在战乱频发、王朝更替中颠沛流离，企图逃避现实苦难、寻求解脱的人，往往都向往道家描绘的理想境界，这以陶渊明的《桃花源记》为代表。社会发展进步，新兴社会力量崛起，他们一般从儒家大同思想中汲取养分，为他们社会变革的实践提供理论支撑，以康有为和孙中山为代表，他们提出的大同设想实际上是为变法和革命成功后描绘的理想蓝图。从各美其美到美人之美，最后达到美美与共、天下大同，这也是我们今天构建人类命运共同体的文化认知。

近代以来，随着马克思主义的传入，马克思主义的国际共产主义思想对中国传统的天下观产生了重要的影响。马恩着眼于资本主义社会无产阶级受压迫、人类对自身解放的追求，在历史唯物主义基础上，创新了国际政治组织形式和人类社会交往形式，提出了阶级联合和自由人联合的号召和设想[1]，即确立自由人的联合体理想，

---

[1] 李爱敏：《从无产阶级国际主义到人类命运共同体——马克思主义的国际主义思想发展研究》，南京师范大学 2016 年版，第 35 页。

也找到实现这一理想的全世界无产者阶级联合的现实路径。1848年，《共产党宣言》将全世界无产者阶级联合思想和自由人的联合思想辩证统一起来，为国际共产主义提供了理论支撑。

国际共产主义作为一种现实的运动，其目标在于实现并建立一种由"现实的个人"联合起来并通过这种联合而通向自由的人类共同体。在批判现存的共同体和追求真正的共同体的双重使命下所展现的国际主义精神、共产主义精神，彰显了它的阶级特性、革命特性、实践特性、世界历史特性和共同体特性。国际共产主义超越了民族主义和自由国际主义，也使过去一个半世纪的无产阶级解放和民族国家解放进程大大向前推进，可谓迄今为止对人类社会影响最大、最广、最深远的一种价值观。[①]

白求恩用一生向全世界展现了"国际主义、共产主义"的价值追求和精神境界，彰显了一名伟大的国际共产主义战士的风骨。他毫无自私自利之心，时刻惦念着中国人民的革命事业，并为此耗尽自己的生命。白求恩的"国际主义精神、共产主义精神"主要体现在三个方面。

一、心系人民，以宽广视野看待人类苦难

在大学时代，白求恩就认识到了资本主义社会贫富差距所暴露出来的丑恶和剥削实质。白求恩积极参加工人的集会，讨论社会、

[①]李爱敏：《从无产阶级国际主义到人类命运共同体——马克思主义的国际主义思想发展研究》，南京师范大学2016年版，第35页。

哲学问题，逐渐确立了共产主义远大理想，开始具有放眼全球的宽广视野。

1935年11月，白求恩加入了加拿大共产党，从此他就将目光投放到世界范围内的人类解放斗争中。他放弃了优厚待遇和舒适生活条件，不惧艰险，无私地投身人类进步事业，真正地将马克思主义的国际共产主义思想，"无产阶级政党更有责任把真正的国际主义和口头上的国际主义作一个鲜明、确切、清晰的对照"[1]付诸行动。

1936年秋，有希特勒和墨索里尼支持的法西斯分子正进攻西班牙政府，白求恩离开了自己的国家，去保卫西班牙政府，他坚定地说："我辞去了医院里胸外科主任的职务，来到这里。我断了后路，再不回头了。我已经选定了道路。我是共产党员。"[2]他坚信共产主义必将实现，始终无限忠诚于共产主义事业，为理想信念奋斗终生。怀着崇高的人生信念，白求恩克服重重阻力，奔赴反法西斯战场，冒着生命危险抢救伤员，而后受西班牙人民阵线委托，白求恩离开马德里，返回北美大陆。1937年6月7日，白求恩抵达纽约，先后在美国和加拿大许多城市巡回讲演，为西班牙反法西斯战争进行募捐，并计划一旦为他的输血工作筹足款项，就返回马德里。7月7日，日本军队挑起卢沟桥事变，对中国全面入侵。白求恩立即意识到，现在的中国更需要他。1937年7月30日，白求恩与陶行知在美国洛杉矶医疗局举行的欢迎西班牙人民之友宴会上碰面。得知七七事变后中国的形势，白求恩毫不犹豫地表示："如果

①《列宁选集》第3卷，人民出版社2012年版，第54页。
②毛泽东：《纪念白求恩》，人民出版社1979年版，第149页。

中国需要医疗队，我愿意到中国去。"

《血红的月亮》是白求恩于 1936 年 10 月 24 日启程去西班牙参加反法西斯斗争前写的一首短诗，后来刊登在 1937 年 7 月第一期《加拿大论坛》上，诗里有这样一句话："为自由和世界的未来而战斗的同志们，为我们牺牲的战友，我们忘不了你们。"[①]1937 年白求恩在西班牙的一次演说中说："法西斯分子……现在又发动了对几乎占地球上四分之一人口的中国的进犯。……如果让他们这种罪恶政策继续下去，我们就很可以怀疑世界上的男女老幼还有什么安全保障。"[②]周而复的《诺尔曼·白求恩片断》记载了白求恩给前妻的一封信，信中这样写道："我拒绝生活在一个制造屠杀和腐败的世界里而不奋起反抗。我拒绝以默认或忽视职责的方式来容忍那些贪得无厌的人向其他人发动的战争。……西班牙和中国都是同一场战争中的一部分。我现在到中国去，因为我觉得那儿是需要最迫切的地方，那儿是我最能够发挥作用的地方。"[③]

白求恩说过："革命友爱，不分中外。"[④]1938 年 5 月 23 日，白求恩离开延安时写了《于陕北贺家川写给加拿大友人的信》，信里写道："加拿大必须援助这些人。他们曾为拯救中国和解放亚洲而战。我知道我们并不富足，西班牙确需我们援助，但是这些毫无怨言的人们比西班牙更需援助。"[⑤]1938 年 9 月 15 日，在模范医

---

① 毛泽东：《纪念白求恩》，人民出版社 1979 年版，第 67 页。
②《伟大的国际主义战士白求恩》，人民美术出版社 1979 年版，第 13 页。
③ 毛泽东：《纪念白求恩》，人民出版社 1979 年版，第 181 页。
④ 刘小康：《我所见到的白求恩同志》，《中国青年》1964 年第 24 期。
⑤ 毛泽东：《纪念白求恩》，人民出版社 1979 年版，第 123~124 页。

院的开幕典礼上，白求恩发表了这篇著名的讲演——《在晋察冀军区模范医院开幕典礼上的讲话》。在讲演中，他说了这样一段令人刻骨铭心、肃然起敬的话："他们打仗，不仅是为了挽救今日的中国，而且是为了实现明天的伟大、自由、没有阶级的、民主的中国，那个新中国，他们和我们不一定能活着看到了。不管他们和我们是否能活着看到那个和平和繁荣的无产阶级共和国，主要的是，他们和我们都在用自己今天的行动，帮助它诞生，使那新共和国成为可能的了。"[①]

白求恩同志胸怀世界，具有世界眼光，与各国人民同情共情，为了让世界人民走出苦难，他愿意献出自己的一切。

二、坚定共产主义理想信念，以大爱精神对待世界人民

白求恩坚持为人类正义、和平而斗争的坚定立场。白求恩之所以选择共产主义作为信仰，是因为他坚信共产主义可以改变医生职业的社会意义，可以建立让所有人平等享受的医疗服务。他有勇气公开选择共产主义信仰，更勇敢地付诸行动。白求恩在遗嘱里写道：生命很美好，的确值得我们为它走一回，但也的确值得我们为了某一个目标为它死一回。这句话既是白求恩的人生总结，也感召和激励着每一位共产党员为自己的理想信念而奋斗。

1939 年夏，聂荣臻同志打电报请白求恩回军区列席晋察冀边

---

① 毛泽东：《纪念白求恩》，人民出版社 1979 年版，第 40 页。

区党代表大会，并邀请他发言，他以高昂的声调讲道："我必须重复，你们的战争是正义的，你们并不孤立，世界人民支持你们。我们加美医疗队来中国，就是证明。反抗法西斯是我们共同的任务。"① 他的讲话给大会增添了光彩，全场都感到了极大的振奋和鼓舞。他还说："我们要医治被法西斯枪炮打伤的战士，我们更应消灭制造创伤的法西斯帝国主义。"②

白求恩坚决执行八路军的宽大和优待俘虏的政策。他的一篇未发表的题为《创伤》的文稿，就记录了他当时的所思所想。

创伤③

这些是职业的刽子手吗？不是。这些是穿了军装的劳动者……为什么日本的劳动人民要攻击他们的兄弟劳动人民，使他们不得不起来自卫呢？日本的劳动者会从中国人的死亡上得到好处吗？

少数的富人，一个很小的阶级，叫一百万人去攻打并且企图消灭另外一百万象（像）他们自己一样的穷人，使这些富人可以变得更富。可怕的想法。……

告诉他们真相吗？没有……他们敢告诉这些劳动人民吗？只因为他们需要更便宜的原料，更多的市场，更大的利润。他们不敢。他们说这场残酷的战争是为了"民族的命运"，"天

---

① 毛泽东：《纪念白求恩》，人民出版社 1979 年版，第 218 页。
② 毛泽东：《纪念白求恩》，人民出版社 1979 年版，第 218 页。
③ 章学新：《白求恩传略》，福建人民出版社 1984 年版，第 208~209 页。

皇的荣誉"，"帝国的光荣"……胡说八道……

唯一会得到利益的阶级是日本的军国主义者和反动的金融资本家……军队的背后是军国主义者；军国主义者的背后是反动的金融资本家。……

这些人类的公敌是什么样子？他们是不是脸上有记号，好让大家认识他们，躲开他们，骂他们是罪犯呢？不是。相反的，他们是有身份的人士，他们受到尊敬，他们自称，同时也被人称为高尚人士。他们占据了国家、社会、教会的重要岗位。他们用自己过剩的财富来维持私人的和公共的慈善事业……这些人制造创伤。

白求恩在日记中写道："在我动手术的人中间有两个日本人的伤员，以前有好几次，我们也都用对我们自己的伤员那种照料来对待被俘的日军。在一个后方医院里，我和两个被俘的伤员一起照过相。他们写信到日本，把我们照顾他们的情况，告诉家里人，信中还附着那张相片。"[1]八路军向来宽大和优待俘虏，白求恩坚持正义，坚决执行政策，被俘的伤员有伤，同样给予治疗。白求恩把手术刀当成武器，倾尽全力与法西斯作战，从西班牙到中国，他一生秉持正义，诠释了伟大的共产主义精神和国际主义精神。

---

[1] 章学新：《白求恩传略》，福建人民出版社1984年版，第156~157页。

三、胸怀世界，积极参与中国人民的革命事业

白求恩为中国人民的解放事业和人类和平进步事业贡献了自己的一生。白求恩精神是全人类共同拥有的宝贵的精神财富。

白求恩来到抗日根据地，带着大量的药品、显微镜、手术器械……最可贵的是，他带来了高超的医疗技术，晋察冀人民和子弟兵热烈地欢迎他，在欢迎会上，他兴奋地说："我万分幸运能够到你们中间和你们一起工作和生活……我向你们表示：我要和中国同志并肩战斗，直到抗日战争胜利！"[1]

1938年8月21日，白求恩在巡回晋察冀途中写了《给加拿大友人的信》，他赞赏道："这里能找到人们称为共产主义领导阶层的同志——布尔什维克。沉着，稳重，英明，有耐心；具有不可动摇的乐观主义精神；温雅而又无情；爱憎兼有，大公无私，意志坚定；愤恨时绝不宽赦，而仁爱的胸襟却又坦荡得足以容纳下整个世界。"[2]他在中国找到了志同道合的同志。1938年9月15日，白求恩在晋察冀军区模范医院开幕典礼上的讲话中阐明了自己的立场："你们不要以为奇怪，为什么在三万里以外地球的那一边和你们一样的人要帮助你们。你们和我们都是国际主义者，没有任何种族、肤色、语言、国界能把我们分开。""我来到晋察冀军区，在这个医院里和你们一起工作，才不过几个月的工夫。我起初总觉得这是'你们的'医院，现在我却觉得这是'我们的'医院了。因为它是

---

[1] 毛泽东：《纪念白求恩》，人民出版社1979年版，第184页。
[2] 毛泽东：《纪念白求恩》，人民出版社1979年版，第127页。

我们共同创造出来的。"①1939 年 11 月，他在给美国友人的信中谈到了他要回加拿大为八路军募集医疗经费的计划，他是这样和美国友人说的："他们需要我，这里是'我的'边区……"②他与中国人民真正走到了一起。

他在给朋友的信中写道："我没有钱，也不需要钱，可是我万分幸运，能够到这些人中间，和他们一起工作……他们尝过痛苦，可是知道怎么笑；他们受过无穷的苦难，可是依旧保持着他们的耐性、乐观精神和静谧的智慧。我已经爱上他们，我知道他们也爱我。"只有一个真正的国际主义者，才能够四海为家，以天下为己任；只有一个真正的共产主义者，才能够把个人的物质生活看得轻若浮云。在艰苦的条件下，白求恩的精神世界却是十分充实、丰富的。山沟里是闭塞的，读不到国外出版的报刊，也没有收音机，伴随白求恩的是一本《马克思主义手册》，一有空闲，他就认真地阅读。毛泽东的《论持久战》《抗日游击战争的战略问题》等著作传到了晋察冀，他总是迫不及待地请董越千给他译述③。

白求恩的国际主义精神、共产主义精神，是他留给中国人民和全世界共产主义者的宝贵精神财富，也应成为每一位共产党人的精神追求。白求恩秉持公平正义之心，胸怀世界，毫无自私自利之心，与世界被压迫的无产阶级同喜同悲，全身心投入人类伟大的和平进步事业，是每一位共产党人的楷模。

---

① 毛泽东：《纪念白求恩》，人民出版社 1979 年版，第 36 页。
② 毛泽东：《纪念白求恩》，人民出版社 1979 年版，第 136 页。
③ 章学新：《白求恩传略》，福建人民出版社 1984 年版，第 112~113 页。

白求恩的国际主义精神、共产主义精神，一直是我们的重要精神指引。1985年3月召开的全国科技工作会议上，邓小平同志指出："为什么我们过去能在非常困难的情况下奋斗出来，战胜千难万险使革命胜利呢？就是因为我们有理想，有马克思主义信念，有共产主义信念。我们干的是社会主义事业，最终目的是实现共产主义。"①

1999年10月1日，在庆祝中华人民共和国成立50周年大会上的讲话中，江泽民同志指出："我们将继续坚持独立自主的和平外交政策，在和平共处五项原则的基础上发展同所有国家的友好合作关系。中国人民始终同广大发展中国家和世界各国人民站在一起，为反对霸权主义和推进世界多极化，推动建立公正合理的国际政治经济新秩序，促进世界和平与发展的崇高事业而不懈努力。"②2000年10月25日，江泽民同志在首都各界纪念中国人民志愿军抗美援朝出国作战50周年大会上的讲话中指出："全党、全军和全国各族人民要努力学习和发扬中国人民志愿军的伟大爱国主义精神和革命英雄主义精神，更加奋发地投身于建设有中国特色社会主义的伟大事业。"③

2012年11月8日，胡锦涛同志在十八大报告中强调，要坚定理想信念，坚守共产党人精神追求。"对马克思主义的信仰，对社会主义和共产主义的信念，是共产党人的政治灵魂，是共产党人经

---

① 《邓小平论党的建设》，人民出版社1990年版，第229页。
② 《十五大以来重要文献选编》（中），人民出版社2001年版，第1062页。
③ 中共中央党史研究室：《中华人民共和国大事记（1949—2009）》，人民出版社2009年版，第565页。

受住任何考验的精神支柱。"①白求恩的国际主义精神、共产主义精神，既是我们干事创业的精神动力，也是引导党员、干部矢志不渝为中国特色社会主义共同理想而奋斗的价值追求。

2020年5月18日，国家主席习近平在第73届世界卫生大会视频会议开幕式上发表题为《团结合作战胜疫情 共同构建人类卫生健康共同体》的致辞，强调各国要加强国际合作，"人类是命运共同体，团结合作是战胜疫情最有力的武器。这是国际社会抗击艾滋病、埃博拉、禽流感、甲型H1N1流感等重大疫情取得的重要经验，是各国人民合作抗疫的人间正道"②。

"中国共产党从人民中走来、依靠人民发展壮大，历来有着深厚的人民情怀，不仅对中国人民有着深厚情怀，而且对世界各国人民有着深厚情怀，不仅愿意为中国人民造福，也愿意为世界各国人民造福。"③白求恩精神不仅是在中国人民的抗日战争中形成的宝贵精神，而且是在世界反法西斯战争中形成的共同精神，镌刻着国际主义精神、共产主义精神的责任与担当。中国特色社会主义进入新时代，进一步深刻认识和把握白求恩精神的科学内涵，进一步传承和弘扬白求恩精神，对实现中华民族伟大复兴的中国梦具有重大意义，对新时代讲好中国故事、提升国家软实力也同样具有积极意义。今天我们站在新的历史起点上，从"毫不利己、专门利人的奉

---

① 胡锦涛：《坚定不移沿着中国特色社会主义道路前进 为全面建成小康社会而奋斗》，人民出版社2012年版，第50页。

② 习近平：《团结合作是国际社会战胜疫情最有力武器》，《求是》2020年第8期。

③ 习近平：《携手建设更加美好的世界——在中国共产党与世界政党高层对话会上的主旨讲话》，《光明日报》2017年12月1日。

献精神""热忱工作、精益求精的职业精神""国际主义精神、共产主义精神"三个维度，对白求恩精神从历史和现实、理论和实践层面进行阐释和梳理，是一项极其重要且意义深远的工作。

第四章

白求恩精神的历史地位

　　80多年前，毛泽东同志向全党、全军上下发出了学习白求恩的号召，言犹在耳，振聋发聩："我们大家要学习他毫无自私自利之心的精神。从这点出发，就可以变为大有利于人民的人。一个人能力有大小，但只要有这点精神，就是一个高尚的人，一个纯粹的人，一个有道德的人，一个脱离了低级趣味的人，一个有益于人民的人。"①由此，白求恩精神成为新民主主义革命时期中国共产党所培育的伟大精神，被载入中国共产党人的精神谱系，成为中国在革命、建设、改革各个历史时期的宝贵精神动力，不断激励中国人民积极进取奋斗。白求恩精神所蕴含的毫不利己、专门利人，热忱工作、精益求精，国际主义、共产主义的精神，是中国共产党人性质宗旨、理想信念的集中体现，是社会主义职业精神的重要标杆，是国际主义精神、共产主义精神的生动诠释，具有重要的历史地位。

第一节　白求恩精神是中国共产党人宗旨意识的集中体现

　　白求恩一腔热血，万里跋涉，支援中国的抗日战争与反法西斯

---

① 《毛泽东选集》第 2 卷，人民出版社 1991 年版，第 660 页。

事业，是中国共产党人宗旨意识的践行榜样，其作为一名共产党员留下的"毫不利己、专门利人"的精神是中国共产党人的宝贵精神财富，成为中国共产党人精神谱系的鲜明坐标。人民群众在20世纪50年代曾自发地将《纪念白求恩》与《为人民服务》《愚公移山》一同命名为"老三篇"，"老三篇"成为中国共产党人的"必修教材"。白求恩精神与中国共产党人的宗旨意识一脉相承，坚持了马克思主义的群众史观，为几代中国共产党人完成了精神上的洗礼，是共产党人价值观念的精神典型，也是思想政治教育的工作法宝。

一、中国共产党人精神谱系的鲜明坐标

中国共产党在100余年的奋斗历程中，带领中国人民迎来了从站起来、富起来到强起来的伟大飞跃，逐步积淀形成了体现党的本质属性、核心价值和先进文化，彰显时代特征，关乎党的长期执政能力建设的中国共产党人精神谱系，其核心在于坚持了以人民为中心的价值指向，坚持了"人民群众是历史创造者"的观点。白求恩精神是中国共产党人的宝贵精神财富，是中国共产党人精神谱系的鲜明坐标，既彰显了中国共产党的伟大精神力量，又展现了世界反法西斯战争和中国抗日战争的特殊时代背景下白求恩的鲜明个人特质。

第一，从共性而言，白求恩精神与中国共产党精神一脉相承。一方面，从历史进程而言，白求恩精神是在中国共产党带领人民

进行革命的过程中形成的。中国共产党人精神谱系作为精神和意识范畴，是在中国共产党的革命历程中产生的。白求恩精神既继承了中国共产党 1921 年成立以来的优良传统，又彰显了抗战时期的时代烙印。尽管白求恩精神与中国共产党人精神谱系中其他精神形成的时空条件不同，但是它们都在各个历史时期为中国共产党人的实践活动提供了强大精神支撑，相互辉映、持续生长，共同构筑起了中国共产党人精神谱系永续发展的强大精神基础。另一方面，从实践发展而言，白求恩精神为中国共产党人践行为人民服务的宗旨提供了先进典型。白求恩精神同其他精神一样，在革命战争年代，是中国共产党摆脱困境、浴火重生的意志磐石；在社会主义建设时期，是中国共产党自力更生、艰辛探索的精神力量；在改革开放年代，是中国共产党攻坚克难、勇攀高峰的精神源泉之一。新时代，传承创新包括白求恩精神在内的中国共产党人精神谱系，能够为实现中华民族伟大复兴的中国梦提供强大思想动力和重要精神支撑。

　　第二，从特性而言，白求恩精神是在特殊时代背景下，基于伟大人物事迹所形成的宝贵精神。一方面，从时代特点而言，白求恩精神是在世界反法西斯战争、中国人民抗日战争的背景下形成的。世界反法西斯战争推动了世界无产阶级的联合，促进了全世界人民的联合，白求恩正是在这种背景下跨越重洋来到中国，支援中国人民的反法西斯事业，彰显了他的国际主义精神、共产主义精神。在中国抗日战争中，白求恩体现了毫不利己、专门利人的高尚品德和热忱工作、精益求精的优良品质，彰显了共产党人的人民立场、家国情怀。另一方面，从人物特质而言，白求恩精神是在白求恩不远万里、舍生忘死、精益求精的事迹中体现的。在考察中国共产党人精神谱系时，人物特质无疑是一个重要的维度。白求恩精神既是中国共产党人精神图谱中极具典范和楷模意义的个体精神表达，也是一个群体和时代精神的集中体现。

二、中国共产党人思想政治教育的工作法宝

白求恩不远万里，跨越重洋，来到中国。在中国人民处于危难之中时，他竭尽所能，救死扶伤，同时也度过了自己人生中最为快乐的时光。白求恩精神的形成，缘于他自身所具有的宝贵品质，也受到中国共产党人服务国家、服务人民、服务社会的具体实践的影响。正是因为白求恩将自己投入中国共产党为中国人民谋幸福、为中华民族谋复兴、为人类做出更大贡献的事业中，才形成了被中国乃至世界人民广为传颂的白求恩精神。白求恩形象的树立，为为人民服务思想的传播与践行提供了生动的榜样。毛泽东同志对白求恩的生平事迹进行歌颂赞扬，将其身上优秀的精神品质加以总结概括，以供更多的人学习。白求恩的榜样力量是无穷的，他远比干瘪的文字呼吁来得深入人心，来得发人深省。

第一，白求恩是全心全意为人民服务宗旨意识教育的生动榜样。毛泽东同志在树立白求恩生动形象的同时，坚持了历史唯物主义观点，强调学习白求恩不能过分夸大精神的力量，使得白求恩精神没有脱离实际。毛泽东同志在《纪念白求恩》中号召人们学习白

求恩掌握高超的医疗技术："白求恩同志是个医生，他以医疗为职业，对技术精益求精；在整个八路军医务系统中，他的医术是很高明的。这对于一班见异思迁的人，对于一班鄙薄技术工作以为不足道、以为无出路的人，也是一个极好的教训。"①

白求恩不但为中国带来了显微镜、X光镜、一套价值不菲的手术器械和大批药品，之后又通过各种渠道搞来急需的医疗器械。没有这些最基本的医疗设备和条件，再高的医术也不会收到理想的效果，也不可能实现将死亡率降到最低的目标。白求恩为了改善医疗条件，亲自绘图设计，土法上马制作大量急需的医疗器材设备，设计了一种高效率的药驮子。他还帮助培养了一批医护工作人员，建立高效的医疗制度体系（创建了战地医疗队、志愿输血队、医疗手册等），使八路军战地医院医疗水平大大提高，伤病员治愈时间大大缩短。没有过硬的医术作为手术的技术支持，没有必要的医疗护理条件，也不可能挽救许多战士的生命。所以，白求恩精神既包括道德意识层面，也包括物质技术条件。②

第二，白求恩精神为中国共产党人开展价值观念教育提供了精神典型。白求恩精神对于中国共产党人价值观念而言，既是一种继承，也是一种发展，白求恩的榜样力量以"毫不利己、专门利人"的精神彰显。自鸦片战争叩开国门后，中华民族陷入了前所未有的危机，遍地狼烟，生灵涂炭。直到1921年7月，中国共产党在嘉兴

<hr>

① 《毛泽东选集》第2卷，人民出版社1991年版，第659页。
② 王京跃：《白求恩精神的现代意义——写在毛泽东〈纪念白求恩〉一文发表70周年之际》，《马克思主义研究》2009年第12期。

南湖红船上成立，中国终于迎来了石破天惊的变革。中国共产党给中国带来了希望，也代表了最广大人民的利益和心愿。白求恩正是投身于中国共产党的抗战实践之中，才有了对中国革命进一步的理解。聂荣臻谈道，白求恩"很钦佩毛泽东同志的正确领导，表示深信……革命是一定会胜利的"①。

坚贞的信仰与抗战的实践，让白求恩度过了"生平最愉快、最有意义的时日"，也让白求恩精神在中国共产党人宗旨意识的彰显中逐步形成起来。在与中国共产党人一道为人民服务的过程中，白求恩用"毫无自私自利之心的精神"，生动诠释了社会主义以"社会"、以"人"为本的价值理念。"全心全意为人民服务"是党的先进性和宗旨的体现，是党的优良作风和奋斗精神的展现，更是一代代共产党人不断奋进的根本动力，而白求恩精神之所以能够历久而弥新，就在于其给"全心全意为人民服务"宗旨的践行树立了崇高的榜样，激励着一代又一代中国共产党人"不忘初心、牢记使命"，不懈奋斗。

树立榜样、学习典型是党加强思想政治教育的一大法宝。通过加强"全心全意为人民服务"榜样的表率作用来提高公民的道德境界，是我党思想政治工作的一大法宝。榜样可以把抽象的道德认识具体化、形象化，并可以使人们在生活中，主动克制自己不符合道德要求的行为并克服自身的缺点，激励人们成为更加优秀的人。人的认识是基于社会存在的影响的，正是在与人的交往过程中，在

---

① 中国白求恩精神研究会编：《白求恩纪念文集》，生活·读书·新知三联书店2018年版，第48页。

同社会的融合过程中，人们才构建起了自己的世界观、人生观、价值观，从而指导实践与认识。见贤而思齐，见不贤而内自省，白求恩作为榜样，让人们在世界情怀、个人价值、职业精神等方面都有了生动的参照。榜样除了传播自身的精神品质，还有将社会精神文化、党的执政理念进行传播的功能。比如，学习白求恩树立正确的人生观、道德观和价值观，党员领导干部在主动学习、率先实践"全心全意为人民服务"思想的过程中，在为实现崇高理想而奋斗的过程中，自觉地做到艰苦奋斗、廉洁奉公、取信于民。

由此而论，毛泽东同志在《纪念白求恩》中所阐明的白求恩精神、所树立的生动榜样，对于我们党强化"全心全意为人民服务"的宗旨，对于提高党员先进性，坚持社会主义核心价值体系，促进社会主义和谐社会的职业道德建设，具有极为重要的意义。

三、白求恩精神激励共产党人全心全意为人民服务

"全心全意为人民服务"是中国共产党人在长期的革命实践中形成的宗旨。白求恩身上所蕴藏着的"毫不利己、专门利人"的精神，凝结于中国共产党人为中国人民谋幸福、为中华民族谋复兴、为人类做出新的更大贡献的初心使命之中，在中国的革命、建设、改革等各个历史时期中为中国共产党人宗旨、价值、立场的彰显提供了榜样力量。[1]

---

[1] 王京跃：《白求恩精神的现代意义——写在毛泽东〈纪念白求恩〉一文发表70周年之际》，《马克思主义研究》2009年第12期。

1939 年 11 月 12 日凌晨，伟大的国际共产主义战士白求恩因细菌感染而不幸离世。他的逝世，是中国人民抗日战争和世界反法西斯事业的重大损失，中国乃至世界人民对其深切缅怀。他为中国共产党人留下了宝贵的精神财富，成为中国共产党人学习的精神楷模，激励几代共产党人发扬"毫不利己、专门利人"的精神，贯彻"全心全意为人民服务"的宗旨。

白求恩逝世之后，缅怀白求恩、学习白求恩精神蔚然成风。在白求恩逝世的黄石口村，前来陪伴其走最后一程的村民们把所在的小院围得水泄不通，医疗队的同志默默肃立，凭吊的人不时啜泣。尽管处于紧张的战争氛围中，晋察冀的数千军民仍然利用反"扫荡"间隙为白求恩举行了隆重的殡殓典礼，表达了最为深切的怀念。聂荣臻曾与白求恩共同工作与战斗，他站在队伍最前，具有钢铁般意志的他尽管经历了无数生离死别，但在凝视白求恩瘦削的遗容时，眼中仍然饱含着热泪。1939 年 12 月 1 日下午，延安各界代表齐聚中央大礼堂，悼念白求恩。主席台上，毛泽东同志的挽联书写着大字："学习白求恩同志的国际精神，学习他的牺牲精神、责任心与工作热忱。"[1]吴玉章代表中共中央致哀悼词，号召大家学习白求恩的国际主义精神和牺牲精神。延安的报纸用头号大字登载了白求恩逝世的沉痛消息。中共中央发出了唁电："我们悼念白医师为世界人类解放事业与对中国抗战的伟大贡献。"[2]

---

[1] 马国庆：《白求恩援华抗战的 674 个日夜》，人民文学出版社 2015 年版，第 305 页。
[2] 中国白求恩精神研究会编：《白求恩纪念文集》，生活·读书·新知三联书店 2018 年版，第 10 页。

　　白求恩榜样的树立，对在全党中形成"为人民服务"的思想道德观产生重要影响。1939年12月21日，毛泽东同志发表了《纪念白求恩》一文，号召大家学习白求恩精神："一个外国人，毫无利己的动机，把中国人民的解放事业当作他自己的事业，这是什么精神？这是国际主义的精神，这是共产主义的精神，每一个中国共产党员都要学习这种精神。"①"学习白求恩"自此深入人心，以"毫不利己、专门利人"为核心内涵的白求恩精神指引中国共产党人为实现中华民族伟大复兴而奋斗。

　　新民主主义革命时期，学习白求恩精神践行于救死扶伤的烽火前线。白求恩逝世的当晚，一支准备设伏的八路军队伍路过黄石口村，闻知这一噩耗后，队伍中爆发出震天吼声："打倒日本帝国主义，为白求恩大夫报仇。"②战士们跑步疾进，消失在漫天风雪中，行进在抗击日寇中。这是白求恩精神激励战士奋勇杀敌的一个片段，但窥一斑可见白求恩精神对于抗战之激励。在革命年代，白求恩是很多被救战士的恩人，是奋战在第一线的医生，是舍生忘死与人民军队共同抗击侵略者的共产主义战士。他既是鲜活的血肉之躯，又是崇高的精神榜样，深得前线战士的信赖，同时他的事迹与精神也激励着中国与世界上的有识之士共同为中国的抗战、为世界的反法西斯而奋战。

　　社会主义革命和建设时期，学习白求恩精神发扬于建设祖国的

---

① 《毛泽东选集》第2卷，人民出版社1991年版，第659页。
② 马国庆：《白求恩援华抗战的674个日夜》，人民文学出版社2015年版，第303页。

和平年代。"新中国永远不会忘记白求恩大夫"[1]，宋庆龄在《我们时代的英雄》一文中如是写道。"毫不利己、专门利人"的精神不断被发扬光大。《纪念白求恩》一文被视为"老三篇"之一，成为几代人成长的精神食粮；以"白求恩"名字命名的医院，不断传承着白求恩的大爱精神。1965 年，毛泽东为一位护士题词："学习白求恩，学习雷锋，为人民服务。"在白求恩逝世二十五载之后，在新中国成立 15 年之后，在社会主义建设如火如荼进行之时，白求恩精神没有消逝在历史长河中，而是更加深入人心。

改革开放和社会主义现代化建设新时期，在经历了"文化大革命"的浩劫之后，白求恩精神中"毫不利己、专门利人"的内涵愈益彰显，在改革开放的汹涌浪潮之中，共产党人"全心全意为人民服务"的宗旨意识不断传承，"以人为本"的价值理念在践行初心使命中不断发展。白求恩精神在改革开放、实现"四化"的征途中，在社会主义医药卫生工作的发展中，都绽放出了更为夺目的光辉。白求恩用高超的医术救治受伤的战士，用赤热的爱心温暖收治的病人，他为人民服务的精神、"以人为本"的价值观无不推动着社会主义医药卫生现代化建设，乃至整个"四化"的实现。

白求恩精神历久弥新，在不同时代、不同背景下，能够不断彰显社会主义"以人为本"的价值，根源在于所蕴含的人民群众的立场、所坚持的党的性质宗旨。改革开放以来的 40 多年，白求恩这种在任何时候都要把人民的利益牢牢记在心中、高高举过头顶的理

---

① 中国白求恩精神研究会编：《白求恩纪念文集》，生活・读书・新知三联书店 2018 年版，第20 页。

念，推动了我国医药卫生事业的蓬勃发展，每一时代的先锋模范恰恰践行了这种精神。例如，被少数民族老乡誉为"白衣圣人""活着的孔繁森"的吴登云，30多年如一日，在新疆乌恰县工作，将自己的青春与热血献给了当地人民。30多年间，为救治当地人民，他先后献出总计达7000毫升以上的鲜血；为挽救烧伤儿童，他曾从自己腿上取下了十三块邮票大小的皮肤移植给患儿。又如，中国科学院院士、中国肝胆外科之父吴孟超，在八九十岁高龄时依然每天坚持上手术台，甚而将"有一天倒在手术台上"视为人生最大的幸福。他在病人身上倾注了热心、耐心、细心，每次为病人做完检查后都顺手为他们拉好衣服、系好腰带、掖好被角，并弯腰把鞋子放在病人方便的地方。最能体现他作为社会主义医疗工作者理念的，是他将对病人负责、为病人省钱作为自己一生的习惯。病人带来的片子能诊断清楚，决不让他们做第二次检查；能用普通消炎药，决不使用高档抗生素；能手工缝合开刀伤口，决不使用吻合器。这种为患者服务、不为自己谋私利，大公无私的精神恰恰是白求恩精神在改革开放和社会主义现代化建设新时期的延续。

正是社会主义医药卫生事业中所涌现出的一个个生动践行白求恩精神的榜样，正是这千百万白求恩式的医药卫生人才，推动了我国的社会主义事业蓬勃发展。

第二节　白求恩精神是社会主义职业精神的重要标杆

80 多年前，毛泽东同志在《纪念白求恩》一文中赞扬了白求恩热忱工作、精益求精的宝贵精神，驳斥了当时存在的见异思迁、鄙薄技术的不良风气，树立白求恩精神作为社会主义职业精神的典型标杆。白求恩虽然逝世八十余载，但白求恩精神始终闪耀着不朽的光芒。在中国的革命、建设、改革事业之中，白求恩"热忱工作、精益求精"的精神，引领了社会主义职业精神的价值追求，为各行各业树立了社会主义职业精神的道德丰碑，凝聚起了广大社会主义劳动者的共识，为社会主义现代化建设与中华民族伟大复兴提供了精神力量。

一、成为社会主义职业精神的践行模范

社会主义社会不同于过往的、有文字以来的人类历史，它首次消灭了阶级对阶级的剥削，实现了无产阶级的当家做主。因此，社会主义职业精神建立在完全不同于以往的经济基础之上，是对社会主义社会生产方式的能动反映。白求恩作为一名共产主义者，是首先践行了社会主义职业精神的，他"毫不利己、专门利人"的伟大人格，展现在职业精神中表现为"对技术的精益求精"，为社会主义职业精神树立了重要的典型、践行的模范。

社会主义职业精神的前提是"毫不利己、专门利人"。在阶

级社会，由于私人劳动与社会劳动的矛盾，个人专注于私人劳动的实现，对于社会劳动则漠不关心。在社会主义社会，每个人都是作为社会这个"总体工人"的一部分而进行劳动，私人劳动与社会劳动实现了辩证统一，个人主义的经济基础消失了，人的发展不再是"一些人发展了，另一些人被牺牲"，而是表现为"人的发展是一切人发展的现实条件"。白求恩尽管生活于阶级社会，但是他所具备的无产阶级精神使得他具有了"毫不利己、专门利人"的伟大人格，促进了社会主义职业精神的发展。

社会主义职业精神的核心是"对技术的精益求精"。正是在社会主义社会的条件下，一方面，社会为劳动者提供了适合劳动、心情舒畅的从业环境，劳动者可以在这一环境中迸发出生产的活力、创造的激情；另一方面，劳动者在社会主义社会有着实现共产主义社会的共同目标，有着对美好生活的共同向往，能够作为社会"总体工人"的一部分，为自身，为一切人提供发展的前提，因此可以心无旁骛、精益求精地从事职业创造。在这样的良性互动中，社会主义职业精神的核心自然而然地表现为"对技术的精益求精"。白求恩在革命战争年代，在极端恶劣的条件下，依然秉持共产主义的理想与信念，围绕"对技术的精益求精"展开执着的追求，取得了显著的成果。他的事迹彪炳史册，他也正是在这一职业实践中，展现出了不朽的精神，成为社会主义职业精神的践行模范。

社会主义职业精神的发展需要发扬白求恩精神，尤其青年一代学习白求恩精神、发扬社会主义职业精神显得尤为重要。青年一代只有具备了为社会主义现代化事业而献身的动机和精神，才能做到像白求恩那样，不是对工作的一般负责任，而是极端负责任；才能端正职业态度，提高职业能力，以精益求精的精神献身到社会主义现代化建设的洪流中去。中国特色社会主义进入新时代，青年一代的职业能力，应该在推进改革开放和社会主义现代化建设的实践中去提高，在驾驭社会主义市场经济的实践中去提高，在解决复杂矛盾和突出问题的实践中去提高，在应对各种挑战和风险的实践中去提高。

二、契合社会主义职业精神的价值追求

正因为白求恩具有国际主义、共产主义的信仰，毫不利己、专门利人的价值观，他才能竭尽全力去提升为人民服务的本领，铸就大医精诚的仁心仁术，不仅"对工作的极端的负责任，对同志对人民的极端的热忱"[①]，而且在技术上精益求精。白求恩对于技术的精益求精，建基于共产主义的信仰和以人为本的价值观，彰显了社会主义职业精神，在中国革命、建设和改革的多个历史时期，都为各行各业树立了职业标杆。

在白求恩精神的影响下，在社会主义革命和建设时期，各行各业都涌现出了一批坚守本职岗位、敬业勤业的劳动模范。淘粪工人时传祥，用自己的实际行动诠释了淘粪也是社会主义建设事业的一部分，他以满腔热情和任劳任怨的态度，全心全意为人民服务。

---

① 《毛泽东选集》第 2 卷，人民出版社 1991 年版，第 659 页。

石油工人王进喜，以强烈的责任感和使命感、高昂的工作热情，投入为祖国找石油的工作之中。面对重重困难，他以"宁可少活二十年，拼命也要拿下大油田"的顽强意志和冲天干劲，苦干5天5夜，打出了大庆第一口喷油井，并创造了年进尺10万米的世界钻井纪录，为我国石油事业立下了汗马功劳，成为新中国石油工业战线的一面旗帜。类似这样的劳动模范还有很多很多，他们都展现了"热忱工作、精益求精"的职业精神。

粉碎"四人帮"后，两年的徘徊时期百废待兴，科技工作者的作用显得越发重要。在这个关键时期，1978年3月18日，全国科学大会召开。邓小平在开幕词中有力地驳斥了"文革"时期林彪、"四人帮"的错误做法，鼓励科技工作者全身心投入工作，"专心致志，精益求精，不畏劳苦，百折不回，才有可能攀登科学高峰"①。这实际上也反映了全党全国对"热忱工作、精益求精"职业精神的渴求。

改革开放后，我们党一直非常重视社会主义职业道德建设，结合社会、文化、生活的变迁，把社会主义职业道德作为改造社会风气的重要因素，采取了一系列有效措施，努力加强社会主义职业道德建设，培养劳动者的高尚品德，号召广大人民群众同心同德，积极开创中国特色社会主义事业的新局面。

白求恩精神影响着一代又一代后来人，他们展现出的精神风貌奏响了这个时代的最强音。中国特色社会主义进入新时代，白求恩

---

①《邓小平文选》，人民出版社1994年版，第94页。

"热忱工作、精益求精"的职业精神，应当成为当代中华儿女自觉自为的价值追求。认真学习白求恩精神，对加强社会主义职业道德建设，乃至促进全社会的精神文明建设具有重要意义。

白求恩的"对工作的极端的负责任"，是一种最高层次的敬业精神，它是社会主义职业道德建设的主要内容。所以，提倡并发扬白求恩的"对工作的极端的负责任"的精神，实为加强社会主义职业道德建设之必需。同时，白求恩精神也为我们培养和提高人们的职业责任心提供了有益的启示。首先要使人们认清职业地位与明确职业行为目的。一方面，人们要弄清楚自己所从事职业的地位与作用，以便自觉地把自己的岗位工作同单位或地区的事业发展乃至实现社会主义现代化、振兴中华民族的宏伟大业联系起来，只有胸中有了大目标，深感自己的担子重、责任大，才会有高度的责任感。另一方面，在工作中要树立责任意识。现实中不少同志在工作中缺乏这种意识，因而难以树立高度的责任感。因此，要教育人们牢记职业宗旨。每一个行业和职业都有其职业宗旨，即都需按其基本的要求为人民服务。牢记职业宗旨的目的，就是要在职业行为中坚持遵循最基本的道德要求，从而增强职业责任感，使每个人能在自己的岗位上各司其职。

职业精神必须落实到勤业上，白求恩就是在扎实的职业实践中展现出了这一点。"工欲善其事，必先利其器"，任何人的职业活动必须在其具备一定的职业技术和业务能力的情况下进行，只有这样才能有效地履行其职业职责。技术本身与道德没有联系，但是从一个人对待其职业技术的态度，可以看出一个人的职业道德。因为一个人的技术能力与水平直接关系到职业活动的质量和效率，即直接关系到为人民服务的质量与水平。毛泽东在《纪念白求恩》一文中，高度肯定了白求恩同志对技术精益求精的正确态度，并严肃批评了当时革命队伍中存在的鄙薄技术工作的现象。对待职业，应当有一种"精益求精"的态度，这不仅要求人们认真学习、刻苦钻研现有的职业技术，而且要永不满足于现状。一方面，善于吸取新的知识和他人创造的技术成果；另一方面，还敢于自己创造新的技术，做到有所发明、有所创造，不断推进行业职业技术水平的提高。但是掌握了精湛的职业技术，而且注意不断地提高自己的技术水平，并不等于就具有了高尚的职业道德。这里还有一个掌握技术的目的问题，即究竟是把技术当作为人民服务的工具还是谋取私利手段的问题。因此，必须把弘扬白求恩"热忱工作、精益求精"的职业精神紧贴于社会主义职业道德建设。我们所说的"对技术的精益求精"的态度，是以"毫不利己、专门利人"为价值前提的，否则也就谈不上是高尚的职业道德了。

职业精神蕴含着推动职业发展的动力，即创新。面对世界科技进步日新月异的挑战，为适应我国社会主义现代化建设的需要，我们的职业活动必须开阔眼界，紧跟世界潮流，抓住历史机遇，自主创新，不断有所发现，有所发明，有所创造，有所前进。

三、推动社会主义职业精神蓬勃发展

"写课本，办学校，走到哪里，教到哪里，没有夸夸其谈、

言多于行的坏习气。"①朱德同志在《纪念白求恩同志》一文中这样称赞白求恩在工作中所蕴含的"实际精神"。在中国的674个日夜中，白求恩殚精竭虑，将所有的精力都投于八路军的医疗工作之中，创办八路军模范医院、特种外科医院、晋察冀军区卫生学校，极大地提高了八路军的医疗水平，在这些成绩中所孕育的"热忱工作、精益求精"的精神代代相传，助推社会主义职业精神的发扬。

"晋察冀边区的军民，凡亲身受过白求恩医生的治疗和亲眼看过白求恩医生的工作的，无不为之感动。"②在《纪念白求恩》一文中，毛泽东以白求恩同志的工作为例，指出了共产党人应当具有的"热忱工作、精益求精"两个方面精神，为中国的医疗卫生事业乃至社会主义职业道德树立起了学习的榜样。

在中国的革命和建设时期，毛泽东提倡白求恩"热忱工作、精益求精"的精神，旨在反对两类在革命、建设工作中存在的不良现象。

一是"热忱工作"、应当"对工作的极端的负责任""对人民的极端的热忱"的倡导，是为了反对当时存在的一种不良现象，毛泽东就此做了描述，即"对工作不负责任，拈轻怕重，把重担子推给人家，自己挑轻的。一事当前，先替自己打算，然后再替别人打算。出了一点力就觉得了不起，喜欢自吹，生怕人家不知道。对同志对人民不是满腔热忱，而是冷冷清清，漠不关心，麻木不仁"③。

---

① 中国白求恩精神研究会编：《白求恩纪念文集》，生活·读书·新知三联书店2018年版，第15页。
②《毛泽东选集》第2卷，人民出版社1991年版，第660页。
③《毛泽东选集》第2卷，人民出版社1991年版，第660页。

的确，白求恩对于每一个病患、每一名伤员都充分给予了关心与爱护。在他援华的近两年时间中，他总是宁愿自己受苦受累，也要对伤员加倍爱护；宁愿自己身处危险，也要离伤员再近一点。正是在这种对伤员的热忱中，白求恩与伤员构建起了和谐的医患关系，他表现出的尊重、信任、理解、真诚，设身处地地为伤员着想，感动了边区的军民。

二是"精益求精"、应当"以医疗为职业""医术是很高明的"的倡导，是为了反对当时存在的轻视技术的不良风气。白求恩认为，作为一名优秀而称职的医生，应当"具备像鹰一样的眼睛，对病看得准；有一个狮子的胆，对工作大胆果断；有一双绣女的手，做手术灵活轻巧；有一颗慈母的心肠，热爱伤病员"[1]。正是缘于他对医生职业的这一认识，白求恩总是在琢磨技术，提高医术，每每工作到夜深人静。白求恩这一切磋琢磨的精益求精态度、孜孜不倦的敬业奉献理念、物我合一的忘我境界追求、臻于卓越的创新创造精神，无疑是值得学习的，对于不良风气具有良好的警示作用。王稼祥和陈云指出，为了抗战的胜利，"我们要培养出几十个、几百个、几千个、几万个、几百万个白求恩来"[2]。宋庆龄将白求恩称为"我们时代的英雄"，"在西班牙和中国的白求恩是医学战场上的一员先锋"[3]。

白求恩凭借"热忱工作、精益求精"的精神，抢救伤员，创办

---

① 赵国庆、高继成主编：《践行白求恩》，吉林大学出版社 2010 年版，第 41 页。
② 马国庆：《白求恩援华抗战的 674 个日夜》，人民文学出版社 2015 年版，第 305 页。
③ 中国白求恩精神研究会编：《白求恩纪念文集》，生活·读书·新知三联书店 2018 年版，第 18 页。

学校，极大地提高了八路军的医疗水平，保存了人民军队的有生力量。建议并主持创办的晋察冀军区卫生学校培养了诸多医学人才，附属医院救治了许多伤员病患。晋察冀军区卫生学校和附属医院在此之后以他的名字命名，成为现在的吉林大学白求恩医学院和解放军白求恩医务士官学校、解放军白求恩国际和平医院。在中国革命和建设时期，白求恩"热忱工作、精益求精"的精神犹如一面旗帜，指引人们为中国革命胜利、新中国建设热忱工作、刻苦工作。

进入改革开放和社会主义现代化建设新时期，白求恩"热忱工作、精益求精"的精神并未因为时代变化而失去光芒，反而因为时代需要而更为闪耀。这一时期，医药卫生体制、高等医学教育的改革迫在眉睫，而白求恩"热忱工作、精益求精"的精神成为人们率先垂范的榜样，也推动了这两个领域的改革。

白求恩精神助力深化医药卫生体制改革。白求恩将对人民的热忱作为自身的要求，通过考察苏联提出了实行社会化医疗的主张，认为只有这一形式才能改变"资本主义制度下，医业是一种漫天要价的行业"[1]的情况，其精神始终贯穿着"人民"的立场。改革开放中的医药卫生体制改革同样需要"坚持以人为本，把维护人民健康权益放在第一位；坚持立足国情，建立中国特色医药卫生体制；坚持公平与效率的统一，政府主导与发挥市场机制作用相结合；坚持统筹兼顾，把解决当前突出问题与完善制度体系结合起来"[2]。在这一方面，改革坚持了医院的公益性和现代医院发展方向，按照

---

[1] 赵国庆、高继成主编：《践行白求恩》，吉林大学出版社 2010 年版，第 37 页。
[2]《中共中央国务院关于深化医药卫生体制改革的意见》，《人民日报》2009 年 4 月 7 日。

"维护公益性、调动积极性、保障可持续"的目标稳步前进。

白求恩精神促进高等医学教育发展。白求恩以精益求精的精神堪为当代医学生的楷模，需要在高等教育中不断弘扬其精神，并健全相关培养体制机制。医学人才是卫生事业发展的第一资源，遵循高等医学教育规律和医学人才成长规律，才能形成良性的医学人才培养体制机制。立足国情，借鉴国际经验，这一时期我国在高等医学教育改革中提出了培养白求恩式医务工作者、培养卓越医学生的工作目录。培养白求恩式医务工作者，要求被培养者高举中国特色社会主义伟大旗帜，能够全心全意为病人服务，且具有高尚的医德、严谨的医风、精湛的医术；培养卓越医学生，要求改革五年制本科临床医学人才培养模式、临床医学硕士专业学位研究生培养模式、长学制临床医学人才培养模式、面向农村基层的全科医学人才培养模式。

白求恩精神榜样的树立活动在医学界广泛展开。1991年，卫生部发布第14号部长令，决定在卫生行业开展"白求恩奖章"评选表彰活动。1997年6月，原卫生部部长钱信忠和原解放军总后勤部副部长刘明璞将军发起成立了中国白求恩精神研究会。从那时起到现在，一大批矢志弘扬白求恩精神的老同志和青年志愿者组织开展了一系列纪念活动和公益慈善活动，使白求恩精神在大江南北落地生根，在青少年一代中薪火相传。

第三节　白求恩精神是国际主义精神、共产主义精神的生动诠释

在国际共产主义运动的影响下，中国工人运动与马克思主义相结合产生了中国共产党，中国共产党带领中国人民取得了革命、建设、改革的巨大成就。白求恩的"国际主义、共产主义"精神是国际共产主义运动在中国的一面旗帜，既为全世界援华人民提供精神财富，又为中国支援各国人民提供精神支撑。

一、国际主义精神、共产主义精神的一面旗帜

白求恩，"一个外国人，毫无利己的动机，把中国人民的解放事业当作他自己的事业"[①]，毛泽东同志将其称为"国际主义的精神""共产主义的精神"。白求恩在共产主义理想的感召下所做的贡献，特别是在中国抗日战争中的贡献，推动了中国人民乃至世界人民的解放事业，他用生命对"国际主义、共产主义"所进行的诠释，堪称国际共运史上的一面旗帜。

一方面，白求恩贯彻国际主义精神，促进世界人民联合。马克思主义的国际主义基于"阶级联合"和"自由人的联合"这"两个联合"之上，旨在指导全世界无产者和被压迫民族通过国际"阶

---

① 《毛泽东选集》第 2 卷，人民出版社 1991 年版，第 659 页。

级联合"争取自身解放，最终实现人类解放和世界和平，使人类社会建立在自由人的联合之上。①

在革命战争年代，白求恩对马克思主义的国际主义路线——列宁主义路线坚决贯彻。毛泽东同志谈道："列宁主义认为：资本主义国家的无产阶级要拥护殖民地半殖民地人民的解放斗争，殖民地半殖民地的无产阶级要拥护资本主义国家的无产阶级的解放斗争，世界革命才能胜利。白求恩同志是实践了这一条列宁主义路线的。"②白求恩在中国的国际主义实践，为中国人民、中国共产党人树立起了一面光辉的旗帜，中国共产党领导中国人民践行了这一列宁主义的路线而为世界反法西斯战争的胜利做出了巨大的贡献，"打倒帝国主义，解放我们的民族和人民，解放世界的民族和人民"，并用以"反对狭隘民族主义和狭隘爱国主义的国际主义"③。

在和平建设年代，中国共产党人将白求恩的国际主义精神进一步发扬，将国际主义的内涵进一步拓展。白求恩的国际主义精神所凝聚的，不仅是白求恩个人珍贵的品质，而且展现了中国人民、中国共产党人开放的、与世界人民广交朋友的胸怀。在理论上，中国共产党在和平建设中立足不断发展的时代，在国际主义精神的基础上，提出了构建和谐世界、构建人类命运共同体的主张；在实践中，自1963年以来，中国一直对非洲国家进行积极

① 李爱敏：《马克思主义的国际主义特性与内涵新考——基于"阶级联合"与"自由人的联合"双重视阈》，《湖州师范学院学报》2019年第1期。
② 《毛泽东选集》第2卷，人民出版社1991年版，第659页。
③ 《毛泽东选集》第2卷，人民出版社1991年版，第659页。

援助，从经济建设到医疗技术、人才培养等方面做了大量工作。

另一方面，白求恩坚定共产主义理想，为了理想矢志奋斗。1939 年 7 月，白求恩作为特邀代表参加晋察冀边区党代表大会发言时说："我们来中国不仅是为了你们，也是为了我们……我决心和中国同志并肩战斗，直到抗战最后胜利。我们努力奋斗的共产主义事业，是不分民族，没有国界的。"① 正是白求恩的共产主义理想，指引着他践行马克思主义的国际主义路线，不远万里来到中国，支持中国人民的抗战事业；殚精竭虑勇于创新，为中国人民的医疗工作提供技术支持；鞠躬尽瘁死而后已，为中国人民的幸福安定献出宝贵生命。

共产主义远大理想，是无产阶级政治立场和世界观在奋斗目标上的集中体现，白求恩坚定信仰、无私奉献、勇于批判、敢于斗争的精神，为中国共产党人树立起了国际共产主义战士的光辉形象，成为指引中国人民奋勇向前的旗帜。宋庆龄在《手术刀就是武器》的序言中写道："任何时代的英雄都是这样一种人：他们以惊人的忠诚、决心、勇气和技能完成了那个时代放在人人面前的重要任务……诺尔曼·白求恩就是这样一位英雄。他曾在三个国家生活、工作和斗争……在一种特殊意义上，他属于这三个国家的人民。在更广泛的意义上，他属于和对国家对人民的压迫进行斗争的一切人。"②

国际主义路线是白求恩共产主义精神的体现，共产主义精神支

① 赵国庆、高继成主编：《践行白求恩》，吉林大学出版社 2019 年版，第 200 页。
② 马国庆：《白求恩援华抗战的 674 个日夜》，人民文学出版社 2015 年版，第 307 页。

撑白求恩在践行列宁主义路线上奋不顾身，勇往直前，并为之付出了宝贵的生命。白求恩用自己的一生，为中国人民、为世界人民树立起了一面"国际主义、共产主义"的旗帜，成为世界援华人民的精神榜样，中国对外援助的精神来源。

二、世界援华志士的精神财富

白求恩践行了列宁主义的路线，不远万里，远赴中国，为了中国人民的革命事业鞠躬尽瘁，死而后已。他的身上所展现出的"国际主义、共产主义"的精神，体现了一名国际共产主义者的崇高情怀，他是世界援华志士的精神榜样。

第一，白求恩"国际主义、共产主义"的精神，在世界援华志士的心目中树立起精神的丰碑。印度援华志士柯棣华以白求恩为榜样，献身中国革命，被称为"白求恩第二"而彪炳史册。"我决不玷污白求恩的名字，我要像他那样，献身于你们和我们的，也属于全人类的反法西斯事业。"[①]1941年1月，在白求恩国际和平医院院长就职欢迎会上，柯棣华这样谈道。柯棣华1938年9月奉命赴华援助中国人民的抗战事业。他在来中国之初，即与印度赴华医疗队的同志们在名字后面加上"华"字，矢志将人生最美好的年华献给中国。父亲不幸去世时，他为了千千万万中国人的事业而继续留在中国。"百团大战"中，他在前线的13天，收治伤员800余名，

---

① 池子华：《柯棣华：从印度来的第二个"白求恩"》，《中国红十字报》2018年6月30日。

为其中 580 人施行了手术，平均每天施行手术 43 人次，强度超乎想象。他担任白求恩国际和平医院院长，带领医院事业蒸蒸日上，被称为"白求恩第二"。他收获爱情家庭，把家安在中国，加入中国共产党，将中国人民的事业视为自己毕生的事业。1942 年 12 月 9 日，柯棣华因癫痫病发作，在河北唐县不幸离世，年仅 32 岁，延安各界为之哀悼。毛泽东送来亲笔挽词："印度友人柯棣华大夫远道来华，援助抗日，在延安、华北工作五年之久，医治伤员，积劳病逝，全军失一臂助，民族失一友人。柯棣华大夫的国际主义精神，是我们永远不应该忘记的。"[1] 柯棣华的陵墓矗立在白求恩的陵墓右侧，两座陵墓并立在华北烈士陵园，供后人瞻仰。柯棣华以白求恩为榜样，以国际主义精神为指引，继承白求恩遗志，矢志奉献中国抗战事业，展现了"国际主义、共产主义"精神的巨大感召力。

历史上，诸多援华志士前赴后继，以白求恩、柯棣华为榜样，推动中国革命建设改革各项事业的发展。1936 年来到延安参加中国革命，后任新中国卫生部顾问的马海德在纪念文章中写道："白求恩是许多援华抗战国际医务人员的先驱者，他的事迹在中国尽人皆知，今天，我和我们的医疗队每到一地，人们都认为我是白求恩的同国人，虽然我一再说明我不是加拿大人，但总是徒费唇舌。我只好不胜感激地接受加在我身上的这一殊荣。"[2]

第二，白求恩"国际主义、共产主义"的精神，在中外人民友好的交往中搭建起联通的桥梁。一方面，作为来自加拿大的国际友

---

[1]《印度"白求恩"柯棣华》，《浙江日报》2013 年 5 月 23 日。
[2]《印度"白求恩"柯棣华》，《浙江日报》2013 年 5 月 23 日。

人，白求恩的形象极大地增进了中加人民的友谊。加拿大第 28 任总督戴维·约翰斯顿谈道："白求恩是中加关系的纽带，他的一个重大贡献是实现了西方医学与中国医学的'联姻'，这种'联姻'就是交流，至今仍然造福着两国人民。"[①]白求恩对中加人民的贡献不仅是医学方面的，他促成了中加两国的建交，第 23 任加拿大总理特鲁多通过给予白求恩历史地位而向中国释放出善意；他成为中加交往的纽带，两国元首、领导人的会晤话题总是离不开白求恩的历史贡献。白求恩在加拿大广播公司评选的最伟大的 100 名加拿大人中，他名列第 26 位，他最为人知的事迹即在中国为世界反法西斯战争所做出的巨大贡献。

另一方面，白求恩"国际主义、共产主义"的伟大精神，播下了联结中国、加拿大、西班牙三国友谊的种子，在北美也有着巨大的影响力。在西班牙，马拉加市的街道以白求恩的名字命名，该市的孩子们参观白求恩事迹的展览，一位名叫赫苏斯·麦哈德的西班牙教师写出《白求恩在西班牙》一书，并谈道："在西班牙内战期间，许多国际主义战士为西班牙民主的战斗献出了宝贵的生命。但在活着的外国人中，只有极少数能像白求恩那样为反抗法西斯做出这么大的贡献。"2012 年 7 月 12 日，在加拿大白求恩纪念馆新馆落成典礼上，中加西三国人民共同出席纪念这位反法西斯的伟大战士。在北美，每一个志愿来中国服务的人都希望被冠以"白求恩式的美国人"的称号。阳早、寒春以毕生精力向世界宣传中国，他们

---

①《印度"白求恩"柯棣华》，《浙江日报》2013 年 5 月 23 日。

被称为白求恩式的国际主义战士；美国人大卫研究中国纺织工人接触棉尘与慢性肺功能下降的关系，得出车间棉尘最高容许浓度的科学数值，被称为"纺织车间里的白求恩"；加利福尼亚大学医学院狄家诺教授，建立了中加心脏健康检查中心，被媒体誉为"云南版白求恩"。

第三，白求恩"国际主义、共产主义"的精神，为中国开展对外援助提供了广泛的精神支撑。白求恩"国际主义、共产主义"的精神形成于革命战争年代，毛泽东同志指出："白求恩同志是实践了这一条列宁主义路线的。我们中国共产党员也要实践这一条路线。我们要和一切资本主义国家的无产阶级联合起来，要和日本的、英国的、美国的、德国的、意大利的以及一切资本主义国家的无产阶级联合起来，才能打倒帝国主义，解放我们的民族和人民，解放世界的民族和人民。"[1]几代中国共产党人秉持白求恩"国际主义、共产主义"的精神，围绕着"为人类进步事业而奋斗"的主旨，随着时代的发展而不断在对外援助中赋予这一精神以新的内涵。

新中国成立之后，自1950年起即开始了对外援助，经历了"1950-1978年的探索""1979-2012年的改革""2013年至今的创新"三个阶段，[2]始终秉持着国际共产主义的精神，努力为人类进步事业做出贡献。在中国70多年的对外援助中，白求恩精神不仅是中国援外医疗工作队的宝贵精神财富，而且是中国对外援助的精神支撑。

---

[1]《毛泽东选集》第2卷，人民出版社1991年版，第659页。
[2] 俞子荣：《不平凡的探索与成就——中国对外援助70年》，《国际经济合作》2020年第6期。

　　中国的对外援助在发扬如白求恩一般的"国际主义、共产主义"精神中开启。从1950年抗美援朝战争和支持越南人民抗法战争开始，中国开启了对外援助。当时，美苏冷战激烈对峙，新中国"一边倒"对外政策态度鲜明，中国的对外援助尤其凸显了白求恩所践行的列宁主义路线，发扬了国际主义精神、共产主义精神，表现为对社会主义阵营内兄弟国家无条件的意识形态支持。1955年的万隆会议，增进了亚非国家和地区之间的团结，推动了中国对外援助对象、范围的扩展，也进一步彰显了中国的国际主义精神、共产主义精神。此后，经过近30年的探索，中国的对外援助在坚持发扬白求恩一般的"国际主义、共产主义"精神和促进发展中国家自立互助的发展理念基础上，通过确立和践行援外八项原则的基本政策，初步构建起包括无偿援助、无息贷款、低息贷款等在内的援助资金体系，以及包括成套项目、物资援助、技术援助、人力资源培训等在内的相对系统的援助项目体系，在国际发展领域独树一帜，探索出一整套中国特色的对外援助模式。①

　　中国的对外援助在70多年的实践中实际上进一步丰富和发展了白求恩精神。改革开放之后，中国的对外援助经历了"改革"与"创新"两个时期，因应着国际形势的变化，中国特色的对外援助模式更为完善，发展中国家互助合作和互利共赢的局面不断打开，中国发展的国际环境更为优化。白求恩精神作为中国对外援助的精神之源之一，在新中国成立以来70多年，特别是改革开放以来40

---

① 俞子荣：《不凡的探索与成就——中国对外援助70年》，《国际经济合作》2020年第6期。

多年的援助实践中得到了进一步的丰富与发展。70 多年之中，中国的对外援助从社会主义阵营拓展到南南合作框架，从"有求必应"发展到"平等互利、讲求实效、形式多样、共同发展"，从"量力不够"发展到强调按经济规律办事，走互利合作道路，白求恩"国际主义、共产主义"的精神在对外援助中的体现也逐步表现在与广大发展中国家共建"人类命运共同体"中，更为强调"正确义利观""真、实、亲、诚"的理念。

2019 年 9 月，国务院新闻办发布《新时代的中国与世界》白皮书，宣告了中国对外援助的历史性成就："中国开展对外援助 60 多年来，共向 166 个国家和国际组织提供近 4000 亿元人民币援助，派遣 60 多万名援助人员，700 多人为他国发展献出了宝贵生命。先后 7 次宣布无条件免除重债穷国和最不发达国家对华到期政府无息贷款债务。中国积极向亚洲、非洲、拉丁美洲和加勒比地区、大洋洲的 69 个国家提供医疗援助，先后为 120 多个发展中国家落实千年发展目标提供帮助。"[①] 中国对外援助的巨大成就，彰显了中国对于白求恩国际主义精神、共产主义精神的实践。这一精神，在新时代，与人类命运共同体思想相融相通，促进着中国共产党为人类进步事业而不懈奋斗。

---

① 中华人民共和国国务院新闻办公室编：《新时代的中国与世界》，人民出版社 2020 年版，第 13 页。

三、白求恩精神助力国际主义精神、共产主义精神传承弘扬

白求恩"国际主义、共产主义"精神的形成，源于他对列宁主义的实践。"列宁主义认为：资本主义国家的无产阶级要拥护殖民地半殖民地人民的解放斗争，殖民地半殖民地的无产阶级要拥护资本主义国家的无产阶级的解放斗争，世界革命才能胜利。"[①]中国共产党人学习白求恩这种实践了列宁主义路线的"国际主义、共产主义"精神，取得了中国革命的胜利，开始了社会主义建设。改革开放以来，这种精神彰显了世界人民的友谊，营造了良好的国际环境，推动了我国现代化建设。

白求恩万里跋涉支援中国抗战，他既是共产党人的楷模，又是世界人民援华的缩影。自十月革命以来，中国革命成为世界革命的一部分，中国的革命建设事业为全世界无产阶级人民所牵挂。在中国新民主主义革命、社会主义革命和建设时期，世界人民的援助帮助中国人民取得了巨大的成就。

第一，白求恩万里跋涉支援中国抗战的事迹，对世界援华人民形成了巨大感召。白求恩的逝世，在国际社会，特别是美国与加拿大引起了巨大反响。1939 年 11 月 23 日，朱德和彭德怀以国民革命军第十八集团军总司令和副总司令名义致电白求恩家属，请加援华委员会转："加拿大共产党之优秀代表白求恩大夫……不幸于治疗伤员施行手术时，割伤指部，以致中毒，于中华民国二十八年十一

---

① 《毛泽东选集》第 2 卷，人民出版社 1991 年版，第 659 页。

月十三日于晋察冀边区逝世。敝军将士闻此噩耗莫不深为哀痛……除通令全军举行壮烈的哀悼外，谨电驰陈唁籍电慰问。"[①]美国和加拿大的主要报纸都简要发布了关于白求恩逝世的消息。1939年12月20日，加拿大共产党的同志和白求恩医院的同事、白求恩的亲朋好友在蒙特利尔温莎酒店为他举行了悼念活动，追思他在加拿大、西班牙和中国做出的杰出贡献。追思活动中，为中国人民抗战的募捐得到了群众响应，这笔款项后来寄给了晋察冀军区卫生学校。

白求恩的逝世，激励着援华人民前赴后继，共促中国的进步发展。中国是远东反法西斯主战场，来自世界各国援华抗战的人民都努力学习白求恩精神。燕京大学英籍教授林迈可、新西兰工业合作技术专家路易·艾黎，甚至来自侵略国的日本外科医生安达次郎等国际友人，都为中国的抗日战争做出巨大贡献。其中，印度援华医疗队的柯棣华最负盛名，他担任了白求恩国际和平医院第一任院长，被聂荣臻称为"白求恩第二"。印度援华医疗队巴苏医生在纪念活动中回忆说："1939年2月底，我们到达山西八路军总部参加了白求恩追悼大会，朱德将军的悼词沉痛真切，感人肺腑，后来，我们的足迹踏遍了冀中平原的抗日根据地。柯棣华继任以白求恩命名的国际和平医院第一任院长，然而正当盛年的他后来也牺牲了，中国人民、印度人民和全世界进步人民将永远怀念白求恩大夫和柯棣华大夫。"[②]

---

① 中国白求恩精神研究会编：《白求恩纪念文集》，生活·读书·新知三联书店2018年版，第18页。白求恩逝世日期应为1939年11月12日，引文原文如此。
② 马国庆：《白求恩援华抗战的674个日夜》，人民文学出版社2015年版，第320页。

第二，白求恩"国际主义、共产主义"的精神，促进了中国革命和建设事业的发展。中国的抗日战争是与世界人民的反法西斯事业紧密相连的，中国能够取得抗日战争的胜利，正是"由于中国战争的进步性、正义性而产生出来的国际广大援助，同日本的失道寡助又恰恰相反"①。在"国际主义、共产主义"精神的指引下，中国共产党贯彻列宁主义的路线，取得了中国革命的胜利，建立了新中国；开始了社会主义革命和建设，建设了新中国。在革命年代，白求恩"国际主义、共产主义"的精神，彰显了世界反法西斯人民的大团结。中国在抗日战争中，得到了来自全世界的反法西斯人民的援助，中国在远东战场所做出的贡献为世界人民所肯定。中国共产党在解放战争中，得到了来自苏联等社会主义国家的援助，以磅礴的人民之力打败了国民党反动派。在建设年代，白求恩"国际主义、共产主义"的精神，支援了中国的社会主义建设事业。"世界人民大团结万岁"，这句刻在天安门城楼上的标语展现了中国人民的国际主义精神，中华人民共和国的建设与国际主义精神密不可分。第一个五年计划，在社会主义苏联的援助下取得成功；联合国安理会常任理事国席位，在第三世界人民的支持下取得。

白求恩精神，更成为中加两国人民建立起深厚友谊的桥梁。1968年4月，曾经年少游历中国的特鲁多出任加拿大总理。一个月内，他6次谈到要改变对华政策。他认为，不与世界上人口最多的国家建立正常的外交关系，是不符合加拿大国家利益的。在回答

①《毛泽东选集》第2卷，人民出版社1991年版，第449页。

《环球邮报》记者提问时他说道："加拿大要摆脱美国的控制。在对华关系上，加拿大已经等了美国 15 个年头了，我要干一些美国人不同意的，同时也不喜欢的事情。就算是老虎尾巴，我也要捏它一下。"特鲁多敏锐意识到，能让加中走到一起的历史人物是白求恩。加拿大人应该跳出冷战思维和意识形态樊篱，给白求恩一定的历史地位。1969 年冬天，加拿大外交官在斯德哥尔摩宴请中方谈判代表，并在餐后放映了电影纪录片《白求恩》。白求恩的评价问题被加拿大历史遗迹委员会反复讨论，几经周折。1972 年 8 月 17 日，这个委员会同意在白求恩的出生地举行一个仪式，正式确认白求恩是一位对加拿大有着"重要历史意义"的人物。1970 年 10 月，加拿大成为与中国建立外交关系最早的西方大国之一。

改革开放以来，随着国际形势的发展与变化，白求恩"国际主义、共产主义"的精神有了新的发展。中国在国际上履职尽责，以反对霸权主义、强权主义的形式，维护世界和平，促进人类进步，深化了与世界人民的友谊，特别是深化了与白求恩的故国——加拿大的友谊。

一方面，改革开放以来，中国对"国际主义、共产主义"精神有了新发展。践行列宁主义路线的白求恩"国际主义、共产主义"精神，在中国有了新的发展。在党的几代领导集体的带领下，中国开辟了崭新的外交局面。以邓小平同志为核心的党的第二代中央领导集体，早在 1982 年就提出了独立自主的外交政策，在苏东巨变中经受住了考验，并提出了建立国际政治经济新秩序的主张。以江泽民同志为核心的党的第三代中央领导集体，提出了"国际关系民主化""维护世界多样性"等思想。以胡锦涛同志为核心的党的第四代中央领导集体，提出了旨在以积极姿态融入现有国际体系，倡导国际社会和谐共建的"和谐世界"思想，实现了中国国际主义理念的蝶变。

另一方面，改革开放以来，白求恩"国际主义、共产主义"精神始终是连接中加人民友谊的纽带。自中国与加拿大建交以来，特别是改革开放之后，中加两国领导人会见时常常谈及白求恩。加拿大几任总督都对中国人民给予白求恩的崇高礼遇表示衷心感谢，并向中国客人赠送了加拿大学者研究白求恩的著作和相关史料。2000年8月，加国政府为白求恩在他的故乡竖立了铜像，华裔总督伍冰枝在揭幕仪式上对白求恩和他的伟大精神给予高度评价："他的名字和事迹不仅为加拿大所了解，而且超出了国界，具有世界性的意义。白求恩所代表的国际主义精神，体现了一种宇宙般的宽阔胸怀，这种胸怀已为世人所公认。"

从革命战争年代到和平发展时期，白求恩形象伟大光辉，白求恩精神历久弥新。白求恩为中国人民乃至世界人民树立起了一座伟大的共产主义战士的丰碑。其所彰显的毫不利己、专门利人，热忱工作、精益求精的精神，成为社会主义职业精神的重要标杆，其所展现的国际主义精神、共产主义精神，在中国的革命、建设、改革中焕发出夺目的光彩，不断为人们所传承弘扬，白求恩精神具有十分重要的历史地位。

第五章

白求恩精神的当代价值

80 余年来，白求恩在中国人民心目中树立起了一座伟大共产党员的丰碑，激励着几代中国共产党人为中国人民谋幸福，为中华民族谋复兴，为人类进步事业而奋斗。在庆祝中国共产党成立 100 周年大会上，习近平总书记代表党和人民庄严宣告："经过全党全国各族人民持续奋斗，我们实现了第一个百年奋斗目标，在中华大地上全面建成了小康社会，历史性地解决了绝对贫困问题，正在意气风发向着全面建成社会主义现代化强国的第二个百年奋斗目标迈进。"[1] 新时代新征程，赓续红色血脉，学习、弘扬白求恩精神，强化宗旨意识，发扬奉献精神；坚持爱岗敬业，培育职业新风尚；发展国际互助，谱写命运与共新篇章，对于全面建成社会主义现代化强国、实现中华民族伟大复兴具有重要意义。

第一节　强化宗旨意识，谱写奉献新篇章

80 多年来，白求恩"毫不利己、专门利人"的精神融入中国共产党人的初心使命之中，强化了"全心全意为人民服务"的宗旨、"以人为本"的立场、"以人民为中心"的价值，为中国共产党人

---

[1] 习近平：《在庆祝中国共产党成立 100 周年大会上的讲话》，《人民日报》2021 年 7 月 2 日。

提供了宝贵精神财富。"中国共产党始终代表最广大人民根本利益，与人民休戚与共、生死相依，没有任何自己特殊的利益，从来不代表任何利益集团、任何权势团体、任何特权阶层的利益。"①新时代，我们既要继承和发扬我们党历史上形成的弥足珍贵的白求恩精神，又要使其在新征程上不断弘扬、不断发展，强化宗旨意识，谱写奉献新篇章，在党领导中国人民从站起来、富起来到强起来的伟大征程中继续发挥精神的力量。

一、坚持人民至上的根本立场

白求恩榜样的树立所收到的良好示范效应，对于"全心全意为人民服务"宗旨意识的强化产生了重要影响，新时代强化宗旨意识依然需要对白求恩精神的学习与发扬。以白求恩为榜样，强化党员宗旨意识，根本在于坚持人民至上的政治立场，立足"人民群众是历史创造者"的唯物史观，坚守"以人民为中心"的价值取向。中国共产党人的宗旨意识着眼于人民和民族的利益，白求恩精神"毫不利己、专门利人"的核心内涵坚持了人民主体地位，正是因为对于人民的深厚情感，白求恩成为宗旨意识的践行榜样。

第一，白求恩同志"毫不利己、专门利人"精神的形成，正是源于对"人民群众是历史的创造者"唯物史观的深刻把握。由此，毛泽东同志称其为"一个高尚的人，一个纯粹的人，一个有道德的

---

① 习近平：《在庆祝中国共产党成立100周年大会上的讲话》，《人民日报》2021年7月2日。

人，一个脱离了低级趣味的人，一个有益于人民的人"①，并以之为践行"为人民服务"宗旨意识的生动榜样。

新中国成立之后，党的历代领导人都一以贯之坚持群众史观，贯彻群众观点。邓小平同志提出"三个有利于"作为衡量一切工作是非得失的标准，尤其突出了"有利于提高人民生活水平"的标准。江泽民同志提出"三个代表"重要思想，并强调了"中国共产党始终代表中国最广大人民的根本利益"。胡锦涛同志提出科学发展观，并强调科学发展观的核心是"以人为本"。这些思想是对"人民群众是历史的创造者"的唯物史观基本观点的深刻把握。

中国特色社会主义进入新时代，习近平总书记指出："坚持以人民为中心。人民是历史的创造者，是决定党和国家前途命运的根本力量。必须坚持人民主体地位，坚持立党为公、执政为民，践行全心全意为人民服务的根本宗旨，把党的群众路线贯彻到治国理政全部活动之中，把人民对美好生活的向往作为奋斗目标，依靠人民创造历史伟业。"②这是在新的历史条件下，中国共产党人对于群众史观的深刻把握。正是基于这一新的认识与把握，我们在全党开展了"不忘初心，牢记使命"主题教育，进一步明确党的命运与人民幸福、民族复兴的密切联系。

第二，"以人民为中心"价值取向的充分彰显，需要白求恩同志"毫不利己、专门利人"精神榜样力量的发挥。在新时代我们党面临

①《毛泽东选集》第2卷，人民出版社1991年版，第660页。
②习近平：《决胜全面建成小康社会 夺取新时代中国特色社会主义伟大胜利——在中国共产党第十九次全国代表大会上的报告》，《人民日报》2017年10月28日。

许多严峻挑战，党内存在许多亟待解决的问题，这些问题的解决必须坚持"以人民为中心"的价值取向。当下人民利益诉求多样化，人民为实现多样化的利益而进行的活动也逐渐呈现出多元化的状态。在社会主义革命与建设时期，正是党的初心使命为共产党人指明了方向，带领人民奔向美好生活。岁月流转，在改革开放的大好新形势下，"不忘初心，牢记使命"的意义更为重要深远。党的十八大以来，中国共产党在管党治党方面成绩斐然。但是，我们必须清醒地认识到，我们党还面临着"长期执政考验、改革开放考验、市场经济考验、外部环境考验"四大考验，"精神懈怠的危险，能力不足的危险，脱离群众的危险，消极腐败的危险"四大危险。因此，在当下复杂的社会转型期，党的宗旨教育不可缺席，只有共产党员树立起坚定的理想信念，改革开放和现代化建设事业才能有条不紊地进行，中国才能建设成为富强民主文明和谐美丽的社会主义现代化强国。

在新时代坚持"以人民为中心"的价值取向，需要用初心使命教育全党，用宗旨意识净化党员思想，用白求恩精神促进榜样引领作用发挥，从而迎接考验，化解危险。党的十八大以来，中国共产党在管党治党方面成绩斐然。但是，我们必须清醒地认识到，中国共产党面临着"四大考验"和"四大危险"，在前进的道路上必然会面对各种风险、各种矛盾。党员干部要战胜艰难险阻，把握工作主动权，一是要坚定理想信念，筑牢思想根基，站稳根本立场，用历史唯物主义和辩证唯物主义在思想上武装全党，在行动上彰显宗旨意识；二是要学习榜样精神，特别要向习近平总书记所指出的榜样学习，"张思德、白求恩、焦裕禄、麦贤得，有历史的楷模，也有时代的楷模。这些人都是在普通的岗位上，但他们有一颗金子般发光的心，我希望同志们的参照系就是这些楷模"[1]。

二、弘扬白求恩精神，充分发挥思想政治教育功能

白求恩精神作为伟大的中国共产党所培育的伟大精神，对于社会主义现代化建设伟大事业的顺利发展至关重要。新时代，弘扬白求恩精神，构建白求恩精神思想教育功能发挥的长效机制，营造利于传承、弘扬白求恩精神的良好氛围和环境，将有利于充分发挥思想政治教育在共同价值构建、人生追求引导、敬业精神培育等三个方面的独特功能，推动全面建设社会主义现代化国家，促进社会与人的和谐发展。

（一）发扬白求恩"国际主义、共产主义"精神，发挥"共同价值构建功能"

中国特色社会主义进入新时代，使中国的发展站到一个更高层级的历史方位上。世界百年未有之大变局加速演进，全球社会经济发展不平衡进一步显现；中国日益走近世界舞台中央，不断为人类做出更大贡献，中国正在奋力实现中华民族伟大复兴，全党全国人民满怀欣喜投身于全面建设社会主义现代化国家的新征程中。

习近平总书记指出："坚持和平发展道路，推动构建人类命运共同体。""要尊重世界文明多样性，以文明交流超越文明隔阂、

---

[1]《习近平谈治国理政》第二卷，外文出版社 2017 年版，第 193 页。

文明互鉴超越文明冲突、文明共存超越文明优越。"[①] 而要将这一共同价值观念传播和传承下去需要加强政治引领和思想教育。习近平总书记强调："各国青年应该通过教育树立世界眼光、增强合作意识，共同开创人类社会美好未来。"[②] 因此，思想政治教育必须坚持与"人类命运共同体"理念最为契合的"国际主义、共产主义"精神，以"人类命运共同体"理念引领青年群体，发挥共同价值构建功能，使其成为"人类命运共同体"理念的有力载体。通过思想政治教育帮助全体人民树立共同的理想，构建共同的价值体系，这是当前思想政治教育的重要任务。回顾白求恩精神形成渊源、汲取白求恩精神内涵，对更好完成这一任务有着重要的现实意义。

白求恩是伟大的国际共产主义战士。他高举国际共产主义旗帜，不远万里来到反法西斯战争的前线——中国参加抗日战争。白求恩在极其艰难的条件下，挽救了无数条生命，在需要的时候毫不犹豫地将自己的鲜血注入伤员的体内，可以说，他用自己的生命拯救了无数的人。在白求恩身上，我们看到了全心全意的坚持，看到了毫无保留的奉献，看到了他疲惫身躯后的那一颗为了人类解放和世界和平的理想不断跳动的心。白求恩的一言一行时至今日都被广为传颂。白求恩精神已经超越了时代，与人类命运共同体的理念相接轨。这种共同体强调基于"利益攸关性""同命相连"和"共同发展"的自然聚合，而不是基于弱肉强食的丛林法则。

---

① 习近平：《决胜全面建成小康社会 夺取新时代中国特色社会主义伟大胜利——在中国共产党第十九次全国代表大会上的报告》，《人民日报》2017 年 10 月 28 日。
② 习近平：《致首届清华大学苏世民学院开学典礼的贺信》，《人民日报》2016 年 9 月 11 日。

当今世界正处在大发展大变革大调整时期，和平与发展仍然是时代主题，同时世界也存在诸多不稳定性、不确定性。在这样的大背景下，习近平总书记科学把握当今世界发展的总趋势，深刻揭示当今国际关系发展的特征和规律，顺应和平、发展、合作、共赢的时代潮流，高瞻远瞩地提出构建人类命运共同体的重要思想。思想政治教育可以围绕这一重要思想，在全社会广泛开展各种形式的讨论，使白求恩精神的内核——国际主义精神、共产主义精神融入对人们共同价值观念的引导中，引导人们在我国建成富强民主文明和谐美丽的社会主义现代化强国进程中践行白求恩精神。

（二）发扬白求恩"毫不利己、专门利人"精神，发挥"人生追求引导功能"

人生追求，作为人们对客观事物的需求在头脑中的反映，是人们在现实生活中的所想、所盼、所求，是人们在生活中由于缺少某些所需的物质因素或精神因素（包括生理和心理）而要求满足的一种心理状态。① 当前，在社会主义市场经济发展进程中，我国公民特别是青年一代对自身状态和现实利益的关注愈发迫切，他们在人生追求上的价值取向日益受到功利化等不良倾向影响。因此，净化社会思想环境、营造健康的社会舆论，矫正功利化倾向的价值取向，并帮助广大青年树立正确的价值取向，引导他们的人生追求，是思想政治教育的重要任务。

白求恩精神显著的特点之一是"毫不利己、专门利人"精神。

---

① 刘长城、程样国：《弘扬井冈山精神与新时期思想政治教育功能的发挥》，《求实》2009年第4期。

白求恩同志在他将近50岁的时候，毅然放弃了个人优越的物质条件，怀着满腔热血，万里跋涉来到中国，救死扶伤，支援中国的抗日战争与反法西斯事业。他亲赴前线，在极其艰苦的环境和简陋的条件下，救治八路军伤病员。这就是"以人为本"的具体表现，超越国家、超越民族。

在工作的时候，白求恩是不知疲倦的，他常常跟着军队一起赶几天的路，长时间工作，不休息，不吃饭，一心只想着多救治几名伤员。一次，白求恩前往五台县马家庄参加救护工作，而此时，日寇正在向五台县耿镇地区疯狂进攻。敌人的炮声逐渐逼近医院，司令部指示要求保护白求恩安全并将整个医院转移。白求恩听到指示坚定地说："上级的命令要执行，工作任务也要完成。"这一天，白求恩不顾极度劳累，不顾个人安危，在一个普通民房改造成的手术室内沉着应战，在汽车照明下通宵进行手术，将所有需要手术的重伤员全部救治完毕。即使身处险境，白求恩也从不放弃任何一丝救治伤员的机会。在晋察冀边区后方医院，白求恩高强度地工作，不停歇地救治伤员。他的手术台被安置在离前线5里地的村中小庙里，大炮和机关枪随时都可能危及性命，白求恩却在小庙里紧张地动着手术，不肯转移。他说："离火线远了，伤员到达的时间会延长，死亡率就会增高。战士在火线上都不怕危险，我们怕什么危险？"

毫不利己、专门利人的精神是白求恩精神的实质，也是"为人民服务"这一中国共产党宗旨意识的重要组成部分。在新时代，弘扬白求恩同志毫不利己、专门利人的精神对于党坚持"以人民为中心"的思想具有重要作用，对于实现中华民族伟大复兴的中国梦具有重要指导意义。

对于普通的公民特别是青年一代，我们可以通过发挥思想政治教育"引导人生追求"的功能，引导人们在实现人生追求的过程中，主动关心国家利益、集体利益，自觉认识到国家利益、集体利益高于个人利益，促使人们积极主动地在实现集体利益、国家利益的过程中实现个人利益，从而树立和追求正确的价值观和人生导向。同时，我们应避免空谈，避免片面说教的思想政治教育形式，脚踏实地地去解决人们实际存在的问题，正确对待人们对物质需求的追求，满足人们正当合理的物质需求，进而引导其树立正确的人生追求。[1]

（三）发扬白求恩"热忱工作、精益求精"精神，发挥"敬业精神培育功能"

随着改革开放的深入和市场经济的发展，我国社会价值观发生了深刻变迁。在医药卫生、高等医学教育等领域尽管主流上表现为向上、向好，积极践行社会主义核心价值观，但同时也受到了错误价值取向的冲击，亟须通过强化思想政治教育，弘扬"热忱工作、精益求精"的白求恩精神，发挥其"敬业精神培育功能"。

"晋察冀边区的军民，凡亲身受过白求恩医生的治疗和亲眼看过白求恩医生的工作的，无不为之感动。"[2]在《纪念白求恩》一

---

[1] 刘长城、程样国：《弘扬井冈山精神与新时期思想政治教育功能的发挥》，《求实》2009年第4期。
[2]《毛泽东选集》第2卷，人民出版社1991年版，第660页。

文中，毛泽东同志以白求恩的工作为例，指出了共产党人应当具有"热忱工作、精益求精"两个方面的精神：一是倡导"热忱工作"，表现为"对工作的极端的负责任""对人民的极端的热忱"；二是倡导"精益求精"，表现为"以医疗为职业""医术是很高明的"。白求恩"热忱工作、精益求精"的精神贯穿在职业道德规范的各个方面，体现了社会主义职业道德，为中国的医疗卫生事业乃至社会主义职业道德树立起了学习的榜样。

在不同的历史时期，适应不同的历史条件，"热忱工作、精益求精"的白求恩精神应有不同的内容和要求。从一定意义上说，坚持爱岗敬业的信仰、发扬艰苦奋斗的精神、永葆勤于思考的科学态度和品质，是白求恩终生实践的优良道德，也是中国共产党人一直以来的优秀品质。在新的历史条件下，弘扬"热忱工作、精益求精"的白求恩精神，应该反映时代特征并赋予敬业精神以新的内涵。白求恩说过："我们要时常问自己一个问题，有更好的办法来代替我们现在正用的办法吗？你要时时不满意自己和自己的工作能力。"他从来没有停止在医学领域里的探索和追求，在技术上永不满足、永不止步，一生始终保持勇于创新、勤于思考的科学精神。他虽然30多岁就成为著名的胸外科专家，但他从不凭借经验轻易做诊断，而是以严谨的科学态度和细致的工作作风，勤于思考，并且认真调查研究，掌握大量第一手资料，再得出科学的结论。他来到华北抗日前线后，立即着手组织伤员术后发热传染等情况的统计工作，然后依据统计数字提出改进手术技术的意见。他还以敏锐的洞察力发现东西方医疗环境的差异，仔细研究在中国游击战争环境中如何进行医疗工作，攻克了技术上的一个又一个难关。

"建设知识型、技能型、创新型劳动者大军，弘扬劳模精神和工匠精神，营造劳动光荣的社会风尚和精益求精的敬业风气"①，这是新时代赋予敬业精神的新内涵，要求新时代从业者始终秉承正确的职业价值取向。我国现在仍然处于并将长期处于社会主义初级阶段，综合国力与发达国家相比还有差距。面对这种实际情况，要实现全面建成社会主义现代化强国的宏伟目标，全体人民必须艰苦奋斗，勤业敬业。

三、传承白求恩精神，大力彰显以人民为中心的价值指向

白求恩精神从中国共产党人的初心与使命中走来，其"毫不利己、专门利人"的核心内涵与中国共产党人宗旨意识一脉相承、高度契合，显示了蕴含于中国特色社会主义文化自信中深层次的价值追求。

第一，作为"为人民服务"生动展现的白求恩精神在新时代被赋予新的内涵。

众所周知，白求恩同志在他50多岁时，毅然放弃了个人优越的物质条件，不远万里来到中国参加抗日战争，并亲赴前线，在极其艰苦的环境和简陋的卫生条件下，救治八路军伤病员。他把责任当作一种召唤，坚守了自己的岗位与职责。这种超越了国家、

① 习近平：《决胜全面建成小康社会 夺取新时代中国特色社会主义伟大胜利——在中国共产党第十九次全国代表大会上的报告》，《人民日报》2017年10月28日。

民族的责任意识、伟大情怀，正是践行中国共产党宗旨意识的生动体现。

新时代共产党人肩负的责任将比以往任何时候都要重大。尽管新时代的长征没有了 80 多年前爬雪山过草地的艰难险阻，但新时代带来了发展的新要求、前进的新课题。在中国仍处于并将长期处于社会主义初级阶段的基本国情没有变的情况下，我们要清醒认识到中国未来的发展道路是机遇与挑战并存的。诚然现阶段我们已经取得了一定成就，但社会发展不平衡不充分的一些突出问题尚未得到完全解决，民生领域还有不少问题，城乡区域发展和收入分配差距依然较大，人民群众在教育、医疗、就业、养老等方面仍陷入困境，生态保护等环境问题也是任重而道远……因此，我们需要时刻牢记"全心全意为人民服务"的根本宗旨，始终把人民对美好生活的向往作为自己的奋斗目标，真正把人民放在心中最高位置，坚持一切为了人民、一切依靠人民，把为人民谋利益作为一切工作的出发点和落脚点。为了无愧于党和人民的信任，为了不与时代发展脱节，我们要对肩上背负的责任有更深刻更清醒的认识，不做表面工作，真正深入基层，为人民谋福祉。

第二，"以人民为中心"的初心使命在新时代彰显文化自信。

弘扬白求恩精神，以"人民"为本，文化自信在其中得到彰显。在革命战争年代，共产党人"毫不利己、专门利人"，用生命谱写了可歌可泣的"为人民服务"的壮美诗篇，白求恩同志即其中的优秀代表。改革开放后，共产党人在中国大地上书写下"以人为本"的社会主义现代化建设壮美篇章。新时代，共产党人"以人民为中心"决胜全面建成小康社会，开启全面建设社会主义现代化国家新征程。正是在中国共产党人强化宗旨意识，践行初心与使命的过程中，中国特色社会主义文化自信逐渐形成，逐步彰显，成为"更基本、更深沉、更持久"的力量。

彰显文化自信，站好人民立场，强化宗旨意识，才能实现中国共产党人的初心与使命。一代人有一代人的时代使命，在新时代共产党人面对着不同的时代背景与历史使命。当代中国的时代主题是实现中华民族的伟大复兴，这需要共产党人牢记初心使命，在坚定"四个自信"中矢志奋斗奉献。文化自信是最根本的民族自信，是最能够为践行"初心"和"使命"提供强大精神力量的自信。习近平总书记强调："要把坚定理想信念作为党的思想建设的首要任务，教育引导全党牢记党的宗旨，挺起共产党人的精神脊梁，解决好世界观、人生观、价值观这个'总开关'问题，自觉做共产主义远大理想和中国特色社会主义共同理想的坚定信仰者和忠实实践者。"①革命理想高于天，人民群众是历史的创造者。中国共产党人的初心与使命是革命理想与人民立场的结合与体现，并将指引中国共产党带领广大人民群众实现中华民族的伟大复兴。

四、发扬白求恩精神，努力实现中华民族伟大复兴的伟大梦想

80余年前，在中华民族处于生死存亡的危急时刻，白求恩不远

---

① 习近平：《决胜全面建成小康社会 夺取新时代中国特色社会主义伟大胜利——在中国共产党第十九次全国代表大会上的报告》，《人民日报》2017年10月28日。

万里，挺身而出，支持中国人民的抗战事业。80 多年后，中华民族处于伟大复兴的关键时期，白求恩精神历久弥新，依然能够为我们提供精神支持、榜样力量。"历史只会眷顾坚定者、奋进者、搏击者，而不会等待犹豫者、懈怠者、畏难者。全党一定要保持艰苦奋斗、戒骄戒躁的作风，以时不我待、只争朝夕的精神，奋力走好新时代的长征路。"[1]在贯彻"全心全意为人民服务"的宗旨，实现"初心"和"使命"的道路上，中国共产党已然硕果累累，收获颇丰，为未来发展留下了宝贵的财富，但路漫漫其修远兮，我们依旧任重而道远。

白求恩精神与中国共产党人宗旨意识一以贯之。共产党人始终把奉献社会作为信仰，把有限的生命投入无限的全心全意为人民服务中去。白求恩同志"毫不利己、专门利人"的共产主义者的精神需要我们发扬光大。在工作方面，白求恩对待工作极端负责；在信仰方面，白求恩对同志对人民极端热忱；在科学态度方面，白求恩更是对技术精益求精，力争完美。这样一种科学、严谨、富于生命热情和社会责任感的精神在我们面前树立了永恒的丰碑，在新时代依然熠熠生辉。

实现中华民族伟大复兴，需要将白求恩精神融入新时代践行宗旨意识的伟大实践之中。白求恩逝世至今的 80 余载时间里，党和国家的事业取得了历史性的伟大成就，历史给了我们当代中国共产党人前所未有的大好机遇，我们比历史上任何时期都更接近、

[1] 习近平：《决胜全面建成小康社会 夺取新时代中国特色社会主义伟大胜利——在中国共产党第十九次全国代表大会上的报告》，《人民日报》2017 年 10 月 28 日。

更有信心和能力实现中华民族伟大复兴的目标。"综合分析国际国内形势和我国发展条件，从二〇二〇年到本世纪中叶可以分两个阶段来安排。"① "第一个阶段，从二〇二〇年到二〇三五年，在全面建成小康社会的基础上，再奋斗十五年，基本实现社会主义现代化。"② "第二个阶段，从二〇三五年到本世纪中叶，在基本实现现代化的基础上，再奋斗十五年，把我国建成富强民主文明和谐美丽的社会主义现代化强国。"③ 中国共产党人强化"全心全意为人民服务"的宗旨意识，就是要不忘初心，牢记使命，具有高度的责任感。在白求恩精神这座伟大丰碑之下，当代涌现出了一批优秀人物，为中华民族伟大复兴鞠躬尽瘁。不远万里来到中国的医学博士夏爱克在云南山区做无偿医疗服务，义务行医一行就是15年，为百姓排忧解难；屠呦呦女士带领她的研发团队历经数百次实验和190多次失败，最终发现了青蒿素，85岁获得诺贝尔奖，不仅为祖国赢得了一份荣耀，更为无数患者减轻了病痛；还有那些节假日仍奋斗在第一线的堪称"无名英雄"的医务工作者。正是他们对中国共产党人宗旨意识的践行、对白求恩精神的传承，汇聚起了实现中华民族伟大复兴的磅礴力量，他们堪称"当代白求恩"。

---

① 习近平：《决胜全面建成小康社会 夺取新时代中国特色社会主义伟大胜利——在中国共产党第十九次全国代表大会上的报告》，《人民日报》2017年10月28日。
② 习近平：《决胜全面建成小康社会 夺取新时代中国特色社会主义伟大胜利——在中国共产党第十九次全国代表大会上的报告》，《人民日报》2017年10月28日。
③ 习近平：《决胜全面建成小康社会 夺取新时代中国特色社会主义伟大胜利——在中国共产党第十九次全国代表大会上的报告》，《人民日报》2017年10月28日。

第二节　坚持爱岗敬业，培育职业新风尚

白求恩"热忱工作、精益求精"的精神在革命战争年代有着特殊的历史背景和时代价值。如今，在新时代的新征程中，白求恩"热忱工作、精益求精"精神的光芒并未因时间褪色，而是展现了社会主义职业精神的夺目光芒。2021年7月1日，习近平总书记在天安门城楼上代表党和人民庄严宣告，在中华大地上全面建成了小康社会，这个消息振奋人心，令人鼓舞。如今，在全面建成社会主义现代化强国新征程上，白求恩所诠释的社会主义职业精神，激励广大医务工作者加强优良医德医风建设，动员广大社会主义劳动者奋力谱写全面建设社会主义现代化国家新篇章，鼓舞我们坚持爱岗敬业，培育职业新风尚，不断为实现人民对美好生活的向往而奋斗。

一、"热忱工作、精益求精"光芒永驻

对人民极端热忱，对工作精益求精，白求恩用自己对人民和工作的态度，向人们诠释了"应当如何对待人民和工作"，树立了社会主义职业精神的榜样。时光飞逝，精神永存。中国特色社会主义进入新时代，白求恩"热忱工作、精益求精"的精神依然为人们所推崇。

白求恩精神为社会主义职业精神的弘扬树立了榜样。"万里

跋涉，树立国际和平，堪称共产党员模范；一腔热血，壮我抗战阵垒，应作医界北斗泰山。"①白求恩逝世之后，陕甘宁边区政府的挽联上如是写道。白求恩来到中国虽然只有短短的 674 个日夜，但是他所做出的事业却彪炳史册，为社会主义职业精神树立了榜样。一是他对人民热忱热情。1938 年 6 月，白求恩刚刚到达晋察冀敌后抗日根据地，与聂荣臻司令员第一次见面后，就马上要求投入工作。"我是来工作的，不是来休息的，你们要拿我当一挺机关枪使用。"②白求恩如是说。二是他对工作精益求精。有一次，白求恩在病房里看到一名小护士给伤员换药，他发现药瓶里装的药与药瓶上标签名称不一致，白求恩严肃地批评了那名小护士，并且告诉她，做事这样马虎是会出人命的。白求恩用小刀把瓶子上的标签刮掉，并说："我们要对同志负责，以后不允许再出现这种情况。"白求恩心里很生气，但他控制着自己的情绪说："请你原谅我脾气不好，可是，做卫生工作不认真，不严格要求不行啊！"事后，白求恩向政委提出，要加强教育，提高工作人员的责任心，才能把工作做好。

正是白求恩在工作中所展现出的优异品质、所做出的卓越成绩为他赢得了人民的赞誉，成就了他的事业。"捧着一颗心来，不带半棵草去。"白求恩将一生都奉献给了医学事业，对人民极端热忱，无所不至地关怀、关心、爱护；对技术精益求精，坚持不懈地探索、钻研和创新，他为后人留下了累累硕果。他说"医生要有一

---

① 马国庆：《白求恩援华抗战的 674 个日夜》，人民文学出版社 2015 年版，第 305 页。
② 毛泽东：《纪念白求恩》，人民出版社 1979 年版，第 12~13 页。

颗狮子般的心，一双巧妇的手，也就是说，必须胆大、坚强、敏捷、果断，但同时也得对病人和蔼、体贴"。白求恩向世人展示了良好的医德与医风，热忱工作意味着无所畏惧而又关怀备至，精益求精意味着不断求索而又永无止境。因此，白求恩为我们树立了具有诚实的科研精神、踏实的学习态度、忘我的服务品质的榜样，他赢得了人民群众的信赖。

社会主义职业精神的传承赋予白求恩精神旺盛的生命力。"救死扶伤、服务人民、热忱负责、精益求精"，优秀的医务工作者将医学职业道德精神融入实践，体现了中国现代医学的人文精神。白求恩精神正是在社会主义职业精神的传承中得到不断的延续与发展，才能在新时代依然具有旺盛的生命力。《中共中央关于加强社会主义精神文明建设若干重要问题的决议》规定了我们今天各行各业都应共同遵守的职业道德的五项基本规范，即"爱岗敬业、诚实守信、办事公道、服务群众、奉献社会"。这五项基本规范与白求恩精神一脉相承，展现了社会主义职业新风尚。白求恩不避艰险，不计报酬，在极其艰苦的环境和简陋的卫生条件下，救治八路军伤病员，无私地投身人类进步事业，为各个时期的社会主义劳动者树立了榜样，白求恩精神也被不断赋予新的内涵。

长风破浪会有时，直挂云帆济沧海。新时代开启了新征程，新征程要有新作为。青年一代是新时代长征路上的主力军，要不懈奋斗，在传承、创新社会主义职业精神中赋予白求恩精神新的内涵，像白求恩那样，不是对岗位、对事业一般负责，而是极端负责。空谈误国，实干兴邦。青年一代要在推进改革开放和现代化建设的实践中奋勇前行，在解决复杂矛盾和突出问题的实践中奋勇前行，在应对各种挑战的实践中奋勇前行。在新时代，继承、发扬、创新白求恩"热忱工作、精益求精"的精神，坚持爱岗敬业，培育职业新风尚，中国特色社会主义事业才能生机勃勃，中华民族伟大复兴才能实现。

二、大力弘扬白求恩精神，加强优良医德医风建设

优良的医德医风，要求医生既要有精良的医疗技术，又要有高尚的道德情操，这二者相辅相成。在白求恩的身上，这二者得到了完美的体现，其原因在于白求恩所独有的精神品质，唯有对技术精益求精，才能拥有精良的医疗技术；唯有对人民十分热忱，才能体现高尚的道德情操。白求恩以"热忱工作、精益求精"精神，为加强优良医德医风建设树立了突出的榜样。

第一，白求恩"热忱工作、精益求精"精神为优良医德医风树立了榜样。医疗行业因具有鲜明的行业特色，所以有着区别于其他行业的特有精神内核，尤其表现在医务工作者的职业信仰、职业道德和职业规范等方面。时代变迁，岁月更迭，建设良好的医德医风依然需要发扬白求恩精神。抗战时期，白求恩志愿服务社会，无论何时何地，他都以其深厚的感情和严谨的态度去救助那些有需要的人。例如，白求恩同志曾开创了我军野战史上战地输血的先河，他利用自己在西班牙的战场经验，在我国的战场实现战地输血，并且以身作则，用行动说服百姓建立"流动的血库"。

这种对中国军民的满腔热情和对医务工作精益求精的精神，使他的崇高形象深深印刻在人民心中。白求恩一生都恪守着这样的信念，生命不息，奉献不止。

第二，优良医德医风在白求恩精神的感召下不断强化。许多具有这样高尚品德的医务工作者或青年志愿者奋斗在生命的第一线，他们始终秉承着白求恩精神，正如毛泽东对全体共产党员的号召一般，做"一个高尚的人，一个纯粹的人，一个有道德的人，一个脱离了低级趣味的人，一个有益于人民的人"[①]。

中山大学附属第一医院急诊科主任詹红30余年坚守急诊科室，参与全科医护抢救急危重症患者近100万人次，她说不论是承担急难险重任务的急诊科室还是其他医护一线，对医术精益求精的追求和无私奉献的职业情怀是实现当代"工匠精神"不可或缺的内涵，是担当健康强国建设社会责任的必然要求。东南大学附属中大医院原副院长邱海波，以科学严谨的钻研精神推动重症医学国家级临床重点专科建设从无到有、茁壮成长。"一分耕耘一分收获，多学一点多走一步，就能为患者多争取一次成功获救的机会。医务工作者应把责任感扛在肩上。"邱海波说。江西省新余市妇幼保健院副主任医师郭璐萍，随中国第21批援非医疗队赴突尼斯，显著降低了当地母婴残死率。即使被确诊为乳腺癌中晚期，她仍然牵挂着非洲的患者。"投身'健康丝绸之路'建设是我们的历史使命，是心系人民健康、心怀无私大爱的具体体现。"郭璐萍的话让许多人为之感动。

---

① 《毛泽东选集》第2卷，人民出版社1991年版，第660页。

如今许多医学生也加入志愿服务团队，吉林大学白求恩医学部作为老白求恩学校的传人，以白求恩精神来培育一代代的医学生，学校组织医学生积极参加践行白求恩精神的志愿服务，以志愿者服务活动为载体，进行了多种形式的志愿者服务实践，有效促进了医学生职业精神的培养。

君子德风，望风披靡。白求恩精神的发扬在医学界树起了榜样，让强化优良医德医风建设有了凭借。建立在优良医学技术上的和谐病患关系如何实现？白求恩用"热忱工作、精益求精"精神的树立为世人指明了实现路径。

三、大力弘扬白求恩精神，全面建设社会主义现代化国家

"中国特色社会主义进入新时代，意味着近代以来久经磨难的中华民族迎来了从站起来、富起来到强起来的伟大飞跃，迎来了实现中华民族伟大复兴的光明前景。"[1]实现中华民族伟大复兴的梦想，可以具象化地表达为全面建成社会主义现代化强国的目标，这一目标的实现需要千千万万的社会主义劳动者践行社会主义职业精神，发扬白求恩"热忱工作、精益求精"的精神。

第一，新时代全面建设社会主义现代化国家需要具有白求恩"热忱工作、精益求精"精神的工作者。国家的发展、社会的进步，离不开国民良好的职业道德修养。实现中国梦，更是少不了社

---

[1] 习近平：《决胜全面建成小康社会 夺取新时代中国特色社会主义伟大胜利——在中国共产党第十九次全国代表大会上的报告》，《人民日报》2017年10月28日。

会主义职业道德的助力。习近平总书记指出："幸福不会从天而降，梦想不会自动成真。"全面建设社会主义现代化国家，实现中华民族伟大复兴，这一伟大事业需要各行各业的社会主义建设者在各自的岗位上各司其职，恪尽职守，发光发热。发扬白求恩"热忱工作、精益求精"的精神，新时代的社会主义建设者要敬业、勤业、创业，发扬曾经在白求恩身上所彰显的品质。从敬业角度而言，在晋察冀边区的每一天，白求恩都在用行动履行服务患者的神圣职责；从勤业角度而言，来晋察冀边区的第一天，白求恩即要求马上上战场，要求把他当一挺机关枪来使；从创业角度而言，白求恩在工作中是如此的勤于创新。一方面，他为了改善医疗条件，亲自绘图设计，制作大量急需的医疗器材设备，还设计了一种高效率的药驮子。另一方面，他帮助我军培养了一批医护工作人员，建立高效的医疗制度体系，使八路军战地医院医疗水平大大提高。

第二，发扬白求恩"热忱工作、精益求精"的精神是新时代进行社会主义现代化建设的题中应有之义。社会主义现代化国家是通过社会主义建设来实现现代化的国家，其中彰显着"以人为本"的价值理念，蕴含着"人的自由全面发展"的价值目标。因此，白求恩在80多年前所展现的"热忱工作、精益求精"的精神，现今仍是社会主义现代化国家建设者所应当具有的职业精神之一。白求恩在工作中所体现的热忱，其核心在于"以病患为中心"，体现了社会主义劳动者的"以人为本"的价值。白求恩在工作中所展现的求真精神，其核心在于"精益求精"，体现了社会主义劳动者的"自由全面发展"的目标。对白求恩来说，外科医生不仅是一个职业、一种生活方式，也是他实现人生目标、赢得人生价值的唯一途径。[1]白求恩曾反复强调，在中国的岁月是其生命中最快乐的时光。甚至在他弥留之际，依然写下遗言："最近两年，是我生平最愉快最有意义的时日。"[2]在新时代，我们见过不少践行社会主义职业精神，改变个人、国家甚至世界的人物，从"杂交水稻之父"袁隆平到悬壶济世的钟南山，他们在各行各业尽情发挥聪明才智，既胸怀人民，又心系国家，把个人发展与国家发展统一起来。

从梦想到现实的转变必然是一个艰苦奋斗的过程，建成社会主义现代化强国，实现中华民族伟大复兴的梦想，需要全国人民的敬业勤业和拼搏奋斗，而白求恩精神中包含的"热忱工作、精益求精"的职业精神为我们新时代的社会主义建设者和接班人指明了奋斗方向。"行百里者半九十"，在新时代，我们仍然需要白求恩精神，以之促进我们践行社会主义职业精神，积极投身全面推进强国建设，民族复兴的伟大事业。

第三节　发展国际互助，积极构建人类命运共同体

在革命战争年代，白求恩不远万里，来到中国，支援中国的反法西斯战争，践行了列宁主义的路线，其精神是国际主义精神、

---

[1] 马国庆：《白求恩援华抗战的 674 个日夜》，人民文学出版社 2015 年版，第 293 页。
[2] 马国庆：《白求恩援华抗战的 674 个日夜》，人民文学出版社 2015 年版，第 299 页。

共产主义精神的集中体现。从价值层面看，国际主义精神、共产主义精神与人类命运共同体高度契合，为在当今世界构建人类命运共同体提供了坚实的价值支撑。新时代弘扬白求恩精神，发展国际互助，促进命运与共，推动构建人类命运共同体，是应对人类共同挑战、建设更加繁荣美好世界的人间正道。习近平主席在2015年9月于第七十届联合国大会一般性辩论上号召世界人民："让我们更加紧密地团结起来，携手构建合作共赢新伙伴，同心打造人类命运共同体。让铸剑为犁、永不再战的理念深植人心，让发展繁荣、公平正义的理念践行人间！"①

一、中国共产党是为人类进步事业而奋斗的政党

"中国共产党是为中国人民谋幸福的政党，也是为人类进步事业而奋斗的政党。中国共产党始终把为人类作出新的更大的贡献作为自己的使命。"②

共产党人"没有任何同整个无产阶级的利益不同的利益"。80多年前，中国尚处于被压迫之境地，陷于反法西斯战争的泥沼，白求恩不计私利，来到延安，加入中国人民的抗日战争，帮助世界上被压迫的人民，向中国人民展现了共产党人的国际共产主义情怀。80多年后，中国成长为世界上第二大经济体，综合国力实现全面提

①《习近平谈治国理政》第二卷，外文出版社2017年版，第526页。
② 习近平：《决胜全面建成小康社会 夺取新时代中国特色社会主义伟大胜利——在中国共产党第十九次全国代表大会上的报告》，《人民日报》2017年10月28日。

升，中国人民愿同各国人民一道，推动人类命运共同体建设，共同创造人类的美好未来。人类命运共同体倡议体现了中国共产党的国际主义情怀、共产主义情怀，是中国共产党的主张同人类历史发展潮流相一致的体现。

革命战争时期，中国共产党将"我们的国际主义"称为"和一切资本主义国家的无产阶级联合起来，要和日本的、英国的、美国的、德国的、意大利的以及一切资本主义国家的无产阶级联合起来，才能打倒帝国主义，解放我们的民族和人民，解放世界的民族和人民"①。这是与当时之时代主题"战争与革命"相适应的，是同当时中国共产党人所能为世界人民所作之努力相适应的。1949 年，中华人民共和国成立之后，中国共产党基于对时代主题和国际形势的思考，采取了不同的举措，以促进人类进步的事业。改革开放之初，邓小平同志审时度势，提出："现在世界上真正大的问题，带全球性的战略问题，一个是和平问题，一个是经济问题或者说发展问题。"② 这一论断进一步推动了中国的改革开放，推动了中国有效融入世界的发展。进入 21 世纪的第一个十年，党的十七大报告提出："承担相应国际义务，发挥建设性作用，推动国际秩序朝着更加公正合理的方向发展。"③ 党的十八大报告提出："中国将坚持把中国人民利益同各国人民共同利益结合起来，以更加积极的姿态参与国际事务，发挥负责任大国作用，共同应对全球性挑战。"④

---

① 《毛泽东选集》第 2 卷，人民出版社 1991 年版，第 659 页。
② 《邓小平文选》第 3 卷，人民出版社 1994 年版，第 105 页。
③ 《十七大以来重要文献选编》（上），中央文献出版社 2009 年版，第 37 页。
④ 《胡锦涛文选》第 3 卷，人民出版社 2016 年版，第 652 页。

　　面对百年未有之大变局，中国共产党人提出了构建人类命运共同体，为人类进步事业而奋斗。政治多极化、经济全球化、文化多样化和社会信息化潮流不可逆转；各国间的联系和依存日益加深，也面临诸多共同挑战；粮食安全、资源短缺、气候变化、网络攻击、人口爆炸、环境污染、疾病流行、跨国犯罪等全球非传统安全问题层出不穷，这些都对国际秩序和人类生存构成了严峻挑战。现今世界，不论人们身处哪国，信仰如何，是否愿意，实际上已经处在一个命运共同体中。习近平总书记提出构建人类命运共同体这一伟大构想，为人类共同应对全球性问题贡献出独到的中国智慧和中国力量。

　　可以说，人类命运共同体展现了中国共产党人积极参与国际治理的历史自觉、国际视野和世界关怀，展现出中国共产党人把中国人民的幸福与世界人民的幸福紧紧连在一起的国际主义精神，为中国进一步参与全球治理提供了有力的理论指引。中国共产党将秉持国际主义精神，顺应时代潮流，发展国际互助，促进命运与共，与全世界人民共同追求"和平、发展、公平、正义、民主、自由"的人类共同价值，展现其世界情怀与责任担当。

二、弘扬白求恩精神，在国际互助中发展援外医疗

　　中国共产党人弘扬白求恩精神，发扬国际主义精神、共产主义精神，60多年来开展援外医疗，广受世界人民的认同。中国援外医疗事业在今天的发展，是国际互助的榜样、命运与共的彰显，表达

了中国推动构建人类命运共同体的真诚愿望，也是白求恩精神在当代的最好注解。2013年3月，习近平主席在访问刚果（布）期间，看望了在中刚友好医院工作的第21批中国援刚果（布）医疗队队员，指出，50年来，"中国医疗队用自己的实际行动造就了一种崇高的中国医疗队精神，这就是不畏艰苦、甘于奉献、救死扶伤、大爱无疆"[①]。中国医疗队精神是对白求恩精神的继承与发扬。一方面，援外医疗队正是秉持发扬白求恩精神的初衷开启中外医疗卫生合作的；另一方面，60多年的援外医疗实践发扬、发展了白求恩精神，造就了中国医疗队精神。

（一）在学习发扬白求恩精神中铸就中国医疗队精神

革命、建设、改革时期，中国对外医疗援助不断发展，在国际医疗援助中践行了白求恩精神。中国正式医疗援外始于1963年对阿尔及利亚的援助。刚刚经历三年困难时期，处于非常艰难时期的中国，在接到阿国的求助信后义不容辞组织医疗专家队远赴北非给予援助。周恩来同志和陈毅同志在1963年12月访阿时会见了医疗队。周恩来指示："你们要更好地工作，把阿尔及利亚人民的健康当作中国人民的健康一样对待……你们要学习发扬白求恩精神。"[②]

截至2023年，中国先后向全世界76个国家和地区派遣援外医疗队，累计派出医疗队员3万余人次，诊治患者2.9亿人次，医疗

①《习近平为中刚友好医院竣工剪彩并出席恩古瓦比大学图书馆启用和中国馆揭牌仪式》，《人民日报》2013年3月31日。
② 湖北卫生厅主编：《名医风流在北非》，新华出版社1993年版，第22~23页。

队员中超过 2000 人次获得受援国首脑颁发的勋章等荣誉，数十名医疗队员因疾病、工伤、战乱、意外事故等在受援国牺牲。纵观中国对外医疗援助的历史，中国总是"义"字当头，将白求恩精神作为对外医疗援助的精神支持之一。在革命和建设时期，对外医疗援助是中国一项重要的政治任务，援助对象主要是社会主义国家和亚非拉第三世界国家。周恩来同志曾提出对外援助的八项原则，体现了中国在对外援助上所坚持的平等互利、尊重主权、不搞特权的精神，体现了"重义轻利"的特点。因此，1963 年是中国公共卫生外交的起点，援外医疗队成为中国公共卫生外交的一张名片。

改革开放以来，中国对外医疗援助仍然坚持国际主义精神，但在具体操作层面，对外援助服务于国家的改革开放事业，平等互利四项原则成为指导中国援外的具体工作原则。[1] 在此期间，2003年抗击非典疫情和 2014 年援助西非埃博拉病毒疫情两个事件，进一步推进了中国的援外医疗工作。在抗击非典疫情中，中国开始注重国际合作，通过接受世界卫生组织专家到现场进行科学的研究和考察，共享疫情相关信息，加强了中国公共卫生外交的国际合作。正是在合作中，中国在公共卫生外交方面提升了意识，补足了短板，突出表现是 2006 年陈冯富珍当选世界卫生组织的总干事，这是中国人第一次在联合国机构中当选最高负责人。在援助西非埃博拉病毒疫情中，我们前后派出了 1200 多人的医疗团队，长时间、大规模地参与了西非埃博拉疫情的防控。埃博拉病毒早

---

[1] 刘方平：《中国对外援助 70 年：历史进程与未来展望》，《西南民族大学学报》(人文社会科学版) 2019 年第 12 期。

在 1976 年就已经发现，但该病毒过去的暴发主要是在非洲，表现为断断续续的局部疫情。2014 年的疫情引起了国际社会广泛的关注，埃博拉病毒从西非向外蔓延，呈全球蔓延态势。中国在这次援助中，第一次成建制地派遣公共卫生队参与了公共卫生危机的应对，进一步在与国际社会的公共卫生合作中扩大了影响力。

中国特色社会主义进入新时代，援外医疗队精神的提出进一步展现了中国的大国担当。2013 年 8 月，习近平总书记会见全国援外医疗工作先进集体和先进个人代表时强调，大家远离祖国和亲人，克服了种种困难，以实际行动铸就了"不畏艰苦、甘于奉献、救死扶伤、大爱无疆"的中国医疗队精神，展示了中国人民热爱和平、珍视生命的良好形象。[1] 援外医疗队精神的提出，彰显了中国就对外医疗援助更为深刻的认识，展现了中国的大国担当。例如，自 2014 年西非埃博拉疫情发生以来，中国先后组织 1000 余名医务人员组成 5 批援非抗击埃博拉医疗队奔赴西非抗疫前线，累计进行病毒检测 5000 余份，留观收治患者上千余例，培训当地医疗人员、社区防控骨干等 1.3 万余人。中国援外医疗队的奉献精神、严谨态度和精湛医术让世界看到了中国的大国担当，感受到了中国白衣战士的国际主义精神和大爱情怀。这一精神，展现了新时代白求恩精神的传承与弘扬，内含着构建人类命运共同体、推动人类进步事业的目标。

（二）不畏艰苦，留下一支"不走的医疗队"

不畏艰苦，发扬白求恩"热忱工作、精益求精"的精神，是援

---

[1]《习近平会见全国援外医疗工作先进集体和先进个人代表》，《人民日报》2013 年 8 月 17 日。

外医疗队人人具有的工作作风。中国援外医疗队不远万里来到异国他乡，同白求恩一样充满了热忱奉献的精神。以援阿医疗队为例，截至 2023 年 7 月，中方向阿方派遣了 27 批医疗队、3522 人次医护人员，累计诊治患者 2700 多万人次。援外医疗队不畏艰苦，在异国艰苦的医疗环境之下做出了不平凡的业绩。

第一，中国医疗队的精湛医术和敬业精神，深受当地人民和高层肯定。戴植本等医生在援助阿尔及利亚期间，成功完成了青年奥斯曼断肢再植这一非洲首例手术；[①] 浙江医疗队陈毅军医生完成首例股骨一次性延长术，姜修羔医生摘除颈部巨大肿瘤，在马里引起轰动；宁夏医疗队商延均大夫等为生命垂危的病人实施开颅术，成为贝宁医学史上的奇迹。[②] 诸如此类的案例在援外医疗开启近 60 年中尚有许多，民众对于中国医生可谓交口称赞。

第二，中国医疗队的工作成就在于提升了当地的医护水平，真正做到授人以渔。1965 年周恩来访问桑给巴尔时告诫医疗队员："中国医疗队迟早要走的，我们要培训桑给巴尔医务人员，使他们都能独立工作，为了非洲人民的解放事业，给当地人民留下一支永远不走的医疗队。"[③] 中国医疗队，一是始终致力于当地医护水平的提升，以讲座、培训和临床传授的方式尽可能地将医学技术传授给当地的医生与护士，特别是针灸疗法受到了当地人民的广泛好评，一些受援国的大学普遍开设了针灸课程；二是始终努力协助受

① 湖北卫生厅主编：《名医风流在北非》，新华出版社 1993 年版，第 22~23 页。
② 吕书群、吴琼主编：《走进贝宁》，宁夏人民出版社 2003 年版，第 26~31 页。
③ 江苏省卫生厅编：《辉煌的足迹：江苏省援外医疗队派遣四十周年纪念文集》，江苏科学技术出版社 2004 年版，第 3 页。

援国完善医疗卫生体系，中国政府在派遣医疗队时， 还援建医院或医疗设施，刚果（布）的达朗盖医院1970年经过中国的援建成为布拉柴维尔市的第三大综合医院，中国与马耳他合作创办的地中海地区中医中心使当地民众有机会接受中医治疗。事实证明，受援国在60多年的岁月里，在中国医疗队的帮助下，医疗水平和能力有了大幅的提升。

第三，中国医疗队的工作既注重实效，又强调创新。2008年，和平方舟入列，这个医疗船从2008年到现在，一直向国际社会提供医疗服务，除了船上提供必要的医疗服务，我们的医护人员也会到海岛，到社区，到军营，提供医疗服务，特别是救治了很多白内障的患者，给很多人带来了光明。所以和平方舟也被称为友谊之舟、生命之舟、和平之舟。从2008年到现在，从船上到船下，注重创新，注重实效。再如，我国从1989年首次参与联合国维和行动以来，在后勤保障这块发挥了关键作用，中国是联合国安理会常任理事国中派出维和人员最多的国家，特别是医疗分队这一块，中国发挥了关键作用，展现了不畏艰苦的工作作风，传承了白求恩"热忱工作、精益求精"的精神。

（三）甘于奉献，救死扶伤，全心全意为受援国人民服务

甘于奉献，救死扶伤，是援外医疗队的崇高追求与使命职责。中国援外医疗队之所以能够经受住环境、疾病、灾害和战火的考验，干出一番不平凡的业绩，有的同志甚至献出了宝贵的生命，关键在于他们继承了白求恩"毫不利己、专门利人"的精神品质，用精湛的医术诠释了甘于奉献的追求和救死扶伤的使命。

中国的公共卫生外交既符合国际法的准则，也符合联合国宪章的宗旨和原则。1964 年，周恩来同志提出了我们对外援助八项原则，特别强调中国派出的专家跟受援国自己的专家，在物质待遇上是一样的，不要求特殊待遇，而西方一些国家在提供援助的时候，往往先设条件，甚至要干预一些国家的内政。主权平等不干涉别国内政，是中国外交的一个基本原则，也是联合国国际法准则的基本要求。可见，中国援外医疗队是有着"甘于奉献，救死扶伤"的追求和使命的，是在国际法准则、在联合国宪章的宗旨和原则下开展公共卫生援助的，发扬了白求恩"毫不利己、专门利人"的精神。

中国援外医疗队甘于奉献、救死扶伤，全心全意为患者服务，成为受援国"最受欢迎的一支队伍"。一方面，中国援外医疗队全心全意为患者服务体现在深入基层，服务群众。中国医疗队打破了从乡下到城里看病的常规做法，用主动深入基层、深入农村，走近群众、走近病患的方式带来了革命性的观念变迁，以此深刻诠释了全心全意为人民服务的宗旨。中国援外医疗队的专家以群众、患者为中心，经常开展巡回医疗，时常去往边远地区义诊。下乡巡回医疗被称为中国医生的独创，深深打动了当地人民，受人称颂。当第一批援阿医疗队抵达沙漠边缘的赛义达省时，当地群众好奇地问他们为什么要来赛义达，他们的回答是"为广大农牧民治病"。当1968 年中国医疗队来到缺医少药的坦桑尼亚，中国医生开展巡回诊疗时，坦桑尼亚卫生部首秘姆库帕激动地指出："中国医生主要在坦桑的农村工作，而我们在农村的医疗服务正好存在许多问题，最需要援助。其他国家的医生很难适应那里的生活环境，而中国医生在那些地方满怀热情地工作。"①马达加斯加总理高度赞扬了中国医疗队这种以治病救人为重、对医疗事业尽心尽责、服务病患全心全意的行为，指出中国医生为当地医务人员树立了榜样，同时体现了发展中国家的团结互助。

　　另一方面，中国援外医疗队甘于奉献、救死扶伤，全心全意为患者服务，真正构建了医患之间的深厚情谊。中国所援助的发展中国家，特别是非洲国家，在历史上长期受到西方国家的殖民统治，种族主义思想和等级观念是社会意识形态中根深蒂固的一部分。中国援外医疗队以甘于奉献、救死扶伤，全心全意为患者服务为核心理念，在医务工作中构建起了种族平等、上下平等、医护平等、医患平等的平等关系，摒弃了之前殖民主义、种族主义、封建主义遗留在医务工作中的糟粕，建立起了良好的医患关系和深厚的医患情谊。1965 年援桑医生张宗震因病逝世后，300 多名桑给巴尔各界人士冒雨前来瞻仰遗容。②一位贝宁老者面对挽救了其曾孙生命的中国医生时，用当地的最高礼节即抱着医疗队队长的胳膊单腿跪倒以示感谢。③正是在良好的医患关系、深厚的群众情谊基础上，中非友好关系建立起来，非洲国家对华政策有了良好基础，中国援外医疗队队员曾经自信地说道："医疗队的品牌就是中国品牌。"④

①刘继锐主编：《中国医疗队在坦桑尼亚》，山东省卫生厅 1998 年版，第 32 页。
②江苏省卫生厅编：《辉煌的足迹：江苏省援外医疗队派遣四十周年纪念文集》，江苏科学技术出版社 2004 年版，第 26 页。
③吕书群、吴琼主编：《走进贝宁》，宁夏人民出版社 2003 年版，第 321 页。
④浙江省卫生厅国际合作处编：《走进非洲的浙江医生：浙江省派遣援外医疗队 35 周年》，浙江省卫生厅国际合作处 2003 年版，第 129 页。

（四）大爱无疆，增进与发展中国家民心相通、民意相融

大爱无疆，是对白求恩"国际主义、共产主义"精神的发扬，是援外医疗队面向世界的人道主义情怀。80多年前，白求恩不远万里，来到中国，为中国人民的反法西斯事业鞠躬尽瘁，死而后已，毛泽东同志称之为国际主义的精神、共产主义的精神。60多年前，中国医疗队不畏艰苦，远赴异国，甘于奉献、救死扶伤，践行了白求恩"国际主义、共产主义"的精神，展现了大爱无疆的高贵品质。

一方面，中国援外医疗队的"大爱无疆"，在国际医疗援助中大力弘扬了面向世界的人道主义精神，是在当代对于"国际主义、共产主义"精神的发展。中国医疗队在60多年的援外工作中留下了诸多可歌可泣的弘扬人道主义精神的事迹，至今仍为当地人民津津乐道。他们在援助中，不分人种肤色，不顾个人安危，始终以赤诚之心、精湛医术服务当地人民。

有医生回忆，很多援外医生接受艾滋病检查后在等待检测报告的过程中可谓度日如年，其紧张的情绪无以言表，究其原因在于救死扶伤过程中的奋不顾身。一位医生曾谈道，在剖宫产手术中，面对刚出生的婴儿心跳呼吸都停止的情况，自己并没考虑感染艾滋病病毒的危险，而是争分夺秒地抢救病人，马上进行口对口呼吸，效果很好，病人的心跳呼吸都恢复了。实际上，中国援外医疗队有着许多这样的医生，甚至多年来有上百人为援外医疗事业献出了宝贵的生命，正是他们的奉献与牺牲成就了中国医疗队坚实的口碑。他们有着同白求恩一样的"国际主义、共产主义"的精神，毫不利

己、专门利人，将受援国人民的医疗需要、宝贵生命放在首位，用自己的行为诠释了当代的白求恩精神。

另一方面，中国援外医疗队的"大爱无疆"，对于今天在世界范围内发扬"国际主义、共产主义"的精神、大力推进"一带一路"建设、构建人类命运共同体具有广泛意义。中国共产党是为人类进步事业而奋斗的政党，中国援外医疗队的突出贡献是中国共产党世界情怀的体现，确确实实有力推动了世界和平与人类发展。中国援外医疗队在服务过程中表现出一种大爱，不仅服务于当地人民，而且将对象扩展至各国驻留于受援国的人员。诸如，援阿医疗队所树立起的良好声誉，促使美、英、德、日等60多个国家驻阿人员都愿找中国医疗队治疗；美国大使在中美建交的第二天就找中国医生治疗腰痛病；刚果（金）、马里、沙特、摩洛哥和巴勒斯坦等国元首与要人均在到阿访问和疗养时请中国医生治病。[1] 正是因为援外医疗队所赢得的优良口碑，"医疗外交"成为中国对外援助最受欢迎、最少争议的形式之一[2]。

在我国推进"一带一路"建设，着力构建人类命运共同体的过程中，中国援外医疗队需要承担起新时代的使命。医疗无国界，中国援外医疗队凭借精湛的医术、敬业的精神赢得了各国人民的信任，为中国构建人类命运共同体奠定了良好的外交基础。人类命运共同体蕴含着"持久和平、普遍安全、共同繁荣、开放包容、清洁美丽的世界"的内在要求，中国援外医疗队应当通过进一步服务外

---

[1] 李安山：《中国援外医疗队的历史、规模及其影响》，《外交评论》2009 年第 1 期。
[2] 蒲水涵：《凌锋：开启医疗援外新时代》，《中国政协》2018 年第 5 期。

交需要、服务当地群众，最大限度地发挥"医疗外交"的作用，为世界的和平与发展做出贡献。

白求恩精神具有"国际主义、共产主义""毫不利己、专门利人""热忱工作、精益求精"三个方面的核心内涵，援外医疗队在实践中传承、发扬了白求恩精神，一代代中国援外医疗队员用白求恩一般的牺牲与奉献精神铸就了"不畏艰苦、甘于奉献、救死扶伤、大爱无疆"的中国医疗队精神。要大力弘扬中国医疗队精神，营造全社会理解、尊重、支持和参与援外医疗工作的氛围，增强广大援外医疗工作者的自豪感和荣誉感。

三、传承白求恩精神，为构建人类命运共同体提供价值支撑

当今，190 多个国家、80 多亿人口，只有一个地球，共处一个世界。随着世界多极化、经济全球化、社会信息化、文化多样化的深入发展，全世界正处于大发展、大变革、大调整时期，人类交往中新的问题层出不穷。面对新形势、新问题，是联合以共同寻求出路，还是一意孤行、为本国利益不择手段？80 多年前，白求恩奔赴西班牙反法西斯战场，后牺牲在中国抗日战争之中的英勇事迹为人称道，昭示我们今日人类问题的解答应当通过联合，他所彰显的国际主义精神、共产主义精神为这一问题的"中国智慧"——人类命运共同体提供了价值支撑。

人类命运共同体的重要思想，是中国大国担当的体现。2023 年 3 月 23 日，习近平主席在莫斯科国际关系学院发表重要演讲，首次

提出人类命运共同体的理念。习近平主席在博鳌亚洲论坛 2013 年年会上的主旨演讲中指出："国家无论大小、强弱、贫富，都应该做和平的维护者和促进者……国际社会应该倡导综合安全、共同安全、合作安全的理念，使我们的地球村成为共谋发展的大舞台，而不是相互角力的竞技场，更不能为一己之私把一个地区乃至世界搞乱。"① "人类命运共同体"思想作为一个全新的发展理念，拥有自身独特的内涵，其核心是"建设持久和平、普遍安全、共同繁荣、开放包容、清洁美丽的世界"。政治上，要互相尊重、平等协商，坚决摒弃冷战思维和强权政治，走对话而不对抗、结伴而不结盟的国与国交往新路；安全上，要坚持对话解决争端、以协商化解分歧，统筹应对传统和非传统安全威胁，反对一切形式的恐怖主义；经济上，要同舟共济，促进贸易和投资自由化便利化，推动经济全球化朝着更加开放、包容、普惠、平衡、共赢的方向发展；文化上，要尊重世界文明多样性，以文明交流超越文明隔阂、文明互鉴超越文明冲突、文明共存超越文明优越；生态上，要坚持环境友好，合作应对气候变化，保护好人类赖以生存的地球家园。建设生态文明关乎人类未来。

2015 年 9 月 28 日，习近平主席在纽约联合国总部出席第七十届联合国大会一般性辩论时的讲话中指出："和平、发展、公平、正义、民主、自由，是全人类的共同价值，也是联合国的崇高目标。……我们要继承和弘扬联合国宪章的宗旨和原则，构建以合作

---

① 《习近平谈治国理政》第一卷，外文出版社 2014 年版，第 331 页。

共赢为核心的新型国际关系，打造人类命运共同体。"[1]党的十九届六中全会《决议》指出，"构建人类命运共同体成为引领时代潮流和人类前进方向的鲜明旗帜"。全人类共同价值是人类命运共同体的价值基础，诞生于反法西斯战争中的白求恩精神是其历史上的具象化。白求恩精神所蕴含的国际主义、共产主义精神，诞生于革命战争年代，但在和平发展年代并未过时，能够为构建人类命运共同体提供坚实的价值支撑。

在革命战争年代，白求恩精神集中体现了全人类共同价值。白求恩援助中国人民抗战的事迹，本质上是其为追求人类共同价值，携手中国人民共筑世界"和平、发展、公平、正义、民主、自由"的光辉事迹。日本军国主义对中国的侵略，是对全人类共同价值的破坏。正因如此，远在大洋彼岸的白求恩凭借其国际主义、共产主义的精神，援助中国人民的抗日战争和世界人民的反法西斯战争，打破了德、日等轴心国的幻想。他舍己为人地忘我工作，不分昼夜地治病救人，支援了中国人民的和平事业，捍卫了中国人民的公平、正义、民主、自由。他的事迹尽管已然成为历史，但是其中蕴含的精神，依旧为今日之中国、今时之世界，为世界上一切进步力量的携手前进提供宝贵支撑。

在和平发展年代，白求恩精神不断彰显着全人类共同价值。80多年来，中国人民弘扬白求恩精神，传颂白求恩援助中国抗战的事迹，显现了对于侵略与霸权的深恶痛绝，对于全人类共同价

---

[1]《习近平谈治国理政》第二卷，外文出版社2017年版，第522页。

值的积极追求。中国共产党在今天提倡学习白求恩精神，显现了其对于人类前途命运的关注，对于"和平、发展、合作、共赢"理念的赞同。

英国诗人约翰·多恩说："没有人是一座孤岛。"现如今，经济全球化让"地球村"越来越小，社会信息化让世界越来越平。不同国家和地区早已你中有我、我中有你，形成一荣俱荣、一损俱损的局面。因此，构建人类命运共同体，顺应时代的呼声，是全人类共同的目标，携手共建命运共同体，将令这个世界在和平发展中变得更加繁荣、包容和美丽。

附录

纪念白求恩

　　白求恩同志是加拿大共产党员，五十多岁了，为了帮助中国的抗日战争，受加拿大共产党和美国共产党的派遣，不远万里，来到中国。去年春上到延安，后来到五台山工作，不幸以身殉职。一个外国人，毫无利己的动机，把中国人民的解放事业当作他自己的事业，这是什么精神？这是国际主义的精神，这是共产主义的精神，每一个中国共产党员都要学习这种精神。列宁主义认为：资本主义国家的无产阶级要拥护殖民地半殖民地人民的解放斗争，殖民地半殖民地的无产阶级要拥护资本主义国家的无产阶级的解放斗争，世界革命才能胜利。白求恩同志是实践了这一条列宁主义路线的。我们中国共产党员也要实践这一条路线。我们要和一切资本主义国家的无产阶级联合起来，要和日本的、英国的、美国的、德国的、意大利的以及一切资本主义国家的无产阶级联合起来，才能打倒帝国主义，解放我们的民族和人民，解放世界的民族和人民。这就是我们的国际主义，这就是我们用以反对狭隘民族主义和狭隘爱国主义的国际主义。

　　白求恩同志毫不利己专门利人的精神，表现在他对工作的极端的负责任，对同志对人民的极端的热忱。每个共产党员都要学习他。不少的人对工作不负责任，拈轻怕重，把重担子推给人家，自已挑轻的。一事当前，先替自己打算，然后再替别人打算。出了一点力就觉得了不起，喜欢自吹，生怕人家不知道。对同志对人民不是满腔热忱，而是冷冷清清，漠不关心，麻木不仁。这种人其实不是共产党员，至少不能算一个纯粹的共产党员。从前线回来的人说到白求恩，没有一个不佩服，没有一个不为他的精神所感动。晋察冀边区的军民，凡亲身受过白求恩医生的治疗和亲眼看过白求恩医生的工作的，无不为之感动。每一个共产党员，一定要学习白求恩同志的这种真正共产主义者的精神。

白求恩同志是个医生，他以医疗为职业，对技术精益求精；在整个八路军医务系统中，他的医术是很高明的。这对于一班见异思迁的人，对于一班鄙薄技术工作以为不足道、以为无出路的人，也是一个极好的教训。

我和白求恩同志只见过一面。后来他给我来过许多信。可是因为忙，仅回过他一封信，还不知他收到没有。对于他的死，我是很悲痛的。现在大家纪念他，可见他的精神感人之深。我们大家要学习他毫无自私自利之心的精神。从这点出发，就可以变为大有利于人民的人。一个人能力有大小，但只要有这点精神，就是一个高尚的人，一个纯粹的人，一个有道德的人，一个脱离了低级趣味的人，一个有益于人民的人。

（注：本文原为毛泽东同志为八路军政治部、卫生部于1940年出版的《诺尔曼·白求恩纪念册》所撰写的《学习白求恩》。新中国成立后编入《毛泽东选集》时题目改为《纪念白求恩》。选自《毛泽东选集》第2卷，人民出版社1991年版，第659~660页。）

纪念白求恩同志

诺尔曼·白求恩同志逝世三周年了！

白求恩同志是加拿大的共产党员，是有国际声誉的医生，是北美洲的四大名医之一。他是用他的高明的技术服务于世界人民反法西斯事业的坚强战士。一九三六年西班牙人民反抗德意法西斯侵略战争时，白求恩同志曾亲赴西班牙，为政府军服务医疗工作，在马德里、巴塞隆那组织了输血运动，由于他的努力，曾经救治了数万受伤的兵士、妇女和儿童的性命。民国二十六年，我国抗日战争爆发，为了帮助中国的抗日战争，受加拿大和美国共产党的派遣，他又远涉重洋，来到中国，自二十七年春即赴山西、河北战地我军中工作，领导我军医疗工作，不幸因施行手术中毒，于二十八年十一月十三日在晋察冀军区逝世。白求恩同志之死，使我们永怀无限痛惜和伤感，觉得这是我党、我军、中国人民和世界人民反法西斯事业的一个巨大损失！

白求恩同志是真正充满着共产主义国际主义精神的优秀党员，他身上表现了共产党人的高尚纯朴的品质。

白求恩同志是富于国际主义精神的模范。他清楚地知道，无产阶级如果不能解放一切劳动人民、解放一切民族、解放全人类，就不能解放自己，所以他忠诚地帮助一切被压迫人民、一切被压迫民族争取自己解放的斗争。他曾经参加了西班牙人民反对德意法西斯侵略者和反对本国反革命军阀的斗争，又参加了中国人民的抗日战争。他把中国人民的解放当作他自己的事业。在他致毛泽东同志的一封信中热烈地表示："我在此间不胜愉快，且深感我们应以英勇的中国同志们为其美丽的国家而对野蛮搏斗的伟大精神，来解放亚洲。"白求恩同志这种国际主义的伟大精神，每个中国共产党员都应该学习。

白求恩同志的高尚的共产主义品质，还表现在他对工作的无限责任心，他的实际主义作风，和对同志对人民的无限热忱。他已五十多岁了，不顾战地各种危险和困难，亲自跑到火线附近，在炮火下抢救受伤的将士，他说："一个革命医生坐在家里等着病人来叩门的时代已经过去了，医生应该跑到病人那里去，而且愈早愈好。"甚至在意外的情形下，即使不能赶到作战地区，至少也可以在半路上找到伤兵运回后方。他的技术高明，在我军中为第一位，但仍精益求精，研究在游击战争环境下如何进行医疗工作。他不但以这种极端负责任的精神来执行自己的业务，并且教育了他周围一切人，从医生、护士到勤务、马夫，告诉他们："没有哪一件工作是小的，没有哪一件工作是不重要的"，鼓励他们每个人"要学习独立工作，不要那半斤八两的帮助"。

白求恩同志，是一个富于实际主义精神的人，他看到我军许多医生技术水平低，便把教育和提高医生、护士作为自己的职务，他自己写课本，办学校，走到哪里，教到哪里，没有夸夸其谈、言多于行的坏习气。他说："空谈代替不了行动，话是人们发明来描写行动的，照它的本来的目的去用它吧。"白求恩同志的工作和著述中正充满着这种明亮清透的实际主义的光辉。

白求恩对同志对人民满腔热忱，坦白正直。他对一切伤病员、一切同志、劳动人民，表现了他无限的忠诚热爱，无条件地帮助他们，平等地看待他们中的任何人，体贴关心，无微不至。他也最能坦白正直，批评他们的缺点，严正地指斥工作中的毛病，帮助改正。凡是受过他治疗或看见过他工作的人，莫不为之感动，至今晋察冀的军民心中，仍怀念着白求恩这个亲切的名字。

白求恩同志离开我们已经三年了，然而我们将永远记得白求恩这个伟大的国际主义战士。也诚如加拿大民主书报俱乐部古柏先生来函所说："加拿大的人民，因为有如此伟大光荣的子孙而感觉骄傲。"世界一切反法西斯战士，首先是我党党员，应当学习和发扬白求恩同志这种国际主义精神和许多优良品质，来最后战胜法西斯主义，完成白求恩同志未了的伟大事业。

（注：作者为朱德，刊于 1942 年 11 月 13 日《解放日报》。选自中国白求恩精神研究会编：《白求恩纪念文集》，生活·读书·新知三联书店 2018 年版，第 14~16 页。）

我们时代的英雄

　　和过去的人类世界相比，我们的世界极其复杂。由于交通极其发达，在地球上每一部分和人类社会中的各种重大事件均有密切的联系。没有孤立的灾难，也没有一种进步不是会促成全面进步的。这种情况反映在人们的思想里。人们的思想内容在范围和复杂的程度上现在也具有世界性。一个为自己的人民和国家谋福利的人若单单联系毗邻的国家来考虑本国的形势是不够的。世界大势包围着我们每一个人，我们必须投身其中并有所贡献才能够左右自己的前途。今天人类最崇高的任务是：认清反动和死亡的势力，并同它进行斗争，加强并实现今天的世界所提供的、以前的世界从未有过的、给所有的人一个美满的生活的种种可能性。

　　任何时代的英雄都是这样一种人：他们以惊人的忠诚、决心、勇气和技能完成了那个时代放在人人面前的重要任务。今天这些任务是世界性的，因此当代英雄——无论是在本国或外国工作——也是世界英雄，非但在历史上是如此，而且现在也是如此。

　　诺尔曼·白求恩就是这样一位英雄。他曾在三个国家里生活、工作和斗争——在加拿大，他的祖国；在西班牙，各国高瞻远瞩的人士曾成群结队地去那儿参加人民反抗纳粹主义和法西斯主义的黑暗势力的、第一次伟大的斗争；在中国，他曾在这儿协助我们的游击队，在日本法西斯军人自以为已经被他们征服的地区，夺取并建立了民族自由与民主的新根据地，并且协助我们锻炼出终于解放了全中国的、强大的人民军队。在一种特殊的意义上，他属于这三个国家的人民。在更广泛的意义上，他属于和对国家对人民的压迫进行斗争的一切人。

诺尔曼·白求恩是一位医生，他曾用他所最熟悉的武器在医务方面进行斗争。在他本人的科学范围内，他是一位专家和创导者——他把他的武器保持得锋利如新。而且他，自觉而一贯地，把他的伟大的技能贡献给反抗法西斯主义和帝国主义的斗争的先锋。对他来说，法西斯主义是一种比任何其他疾病对人类危害更大的疾病，一种摧毁千千万万人的身心的疫病，并且它既否认人的价值，也就是否认了一切为人的健康、活力和生长服务的科学的价值。

诺尔曼·白求恩在日军炮火之下传授给中国学生的技术的价值，决定于它们使用的目的。德国和日本是科学技术高度发达的国家，但是因为它们曾为人类进步的敌人所领导，它们的科学与技术只给人类带来了灾难。人民的战士有掌握最高的专门技术的责任，因为只有在他们的手中技术才能够真正为人类服务。

白求恩大夫是第一个把血库送到战场上去的医生，他的输血工作曾为西班牙共和国挽救了数以百计的战士的生命。在中国，他提出并实践了这个口号："医生们！到伤员那儿去！不要等他们来找你们。"在一个与西班牙完全不同的而且远比西班牙落后的环境里，他组织了一种游击队的医疗机构，挽救了成千成万的我国最优秀最英勇的战士。他的计划和实践不仅建立在医疗的科学和经验的基础上，而且也建立在对军事和政治的研究以及人民战争中战场上的经验之上。在西班牙和中国的白求恩是医学战场上的一员先锋。

他充分了解了这种斗争的形势，战略、战术和地势，同时他也知道，对于那些为了自己的家庭和前途而与其他自由的人们并肩作战的自由的医务工作者，人们可以抱着什么希望。他训练出来的医生、护士、护理员在他的教导之下，不仅将自己看作技术助理人员，而且看作前线战士，和战斗部队担负着同样重大的任务。

这些工作白求恩是在万分困难的情况下完成的，一个医生对自己的任务如果没有多方面的认识是绝不可能克服这些困难的。他在中国最落后的地区的山村里完成了这些工作，事前对中国语言及中国人民几乎一无所知，而且在他自己为肺病侵蚀的身体里，除了他的炽热的信心和钢铁的意志以外别无其他力量。

是什么杀害了白求恩大夫？白求恩大夫是在反抗法西斯主义和反动势力的斗争当中牺牲的，他为那个斗争献出了他的热情、技能和力量。他工作的地区当时不仅被日寇封锁，而且同时被蒋介石的反动政府封锁，那个政府始终宁可与敌人妥协，放弃胜利，而不愿进行人民的战争。白求恩为之斗争的那些人不仅被认为不配使用武器弹药，甚至不配使用医药器材来救治。他们因为得不到现代的抗毒药品而死于传染病。

白求恩死于败血病，这是动手术未戴橡皮手套而又无磺胺制剂可用以医疗的结果。

白求恩大夫创立的国际和平医院，现在在中国终于获得了自由的新情况下进行工作。但是白求恩死后，曾和他在西班牙共同工作的吉西大夫奉派继任，却被蒋介石封锁阻止而未能到任。印度医疗队的柯棣华大夫终于担任了白求恩大夫设立的一个医院的院长，英勇地继续了他的工作，后来也死在岗位上——也是因为缺乏可用来为他医治的药品。白求恩大夫和柯棣华大夫是许多牺牲者中的两位，这些牺牲者，如果当时没有封锁，可能现在仍旧活着为全世界自由人民的事业进行斗争。

我很荣幸来介绍诺尔曼·白求恩大夫的生平，让为数更多的人能够认识这位当代英雄——他如此崇高地象征着所有人民在争取自由的斗争中的共同利害。他的生、死和他所遗留的事业与我个人关系特别密切，这不仅由于他对我国人民的民族解放战争的伟大贡献，而且由于我个人在由我任主席的保卫中国同盟内的工作。保卫中国同盟正在为继续白求恩的事业的白求恩和平医院及白求恩医学院获得援助而工作。

新中国永远不会忘记白求恩大夫。他是那些帮助我们获得自由的人中的一位。他的事业和他的英名永远活在我们中间。

（注：本文为宋庆龄作于 1952 年，是为泰德·艾伦、塞德奈·戈登合著的《手术刀就是武器》即《外科解剖刀就是剑》一书所写的序言。标题为编者所拟。选自中国白求恩精神研究会编：《白求恩纪念文集》，生活·读书·新知三联书店 2018 年版，第 17~20 页。）

今天仍然需要提倡白求恩精神

今年 11 月 12 日是伟大的国际主义战士诺尔曼·白求恩逝世五十周年。时间过得真快，抗日战争的烽烟，白求恩大夫在晋察冀前线抢救伤病员无私无利的形象，都还历历在目。虽然已是半个世纪过去了。与半个世纪以前相比，我们的祖国和世界的形象发生了巨大的变化，中国已从帝国主义、封建主义和官僚资本主义三座大山的压迫下解放出来，走上了社会主义建设的光辉道路。今天，我们来纪念他，就是要继续提倡白求恩的高尚精神。中国共产党和全体中国人民都应当发扬白求恩的精神。

五十年前，白求恩同志因公殉职时，毛泽东同志曾在延安举行的追悼会上发表了感人至深的讲话，这便是那篇产生广泛影响的《纪念白求恩》的文章。在毛泽东同志的倡导下，一个时期里，白求恩同志的事迹在我国家喻户晓，尽人皆知，白求恩的国际主义、共产主义精神，激励着中国人民为祖国的解放和社会主义建设事业的胜利英勇奋斗。

今天，我们面临着坚持四项基本原则，坚持改革开放，建设有中国特色的社会主义的伟大事业。这是一项宏伟的事业，也是一场持久的复杂的斗争，比当年打垮日本侵略者，推翻三座大山的斗争任务还要艰巨。完成这项宏伟的事业不靠天，不靠地，就靠我们自己，即：要靠中国共产党的正确领导，要靠全国人民发扬革命传统，这中间就包括毛泽东同志在《纪念白求恩》一文中所倡导的"毫不利己、专门利人"的精神，"对工作的极端的负责任，对同志对人民的极端的热忱""对技术的精益求精"的精神。毛泽东同志满怀革命激情地发出号召："我们大家要学习他毫无自私自利之心的精神。从这点出发，就可以变为大有利于人民的人。一个人能力有大小，但只要有这点精神，就是一个高尚的人，一个纯粹的人，一个有道德的人，一个脱离了低级趣味的人，一个有益于人民的人。"毛泽东同志这里倡导的白求恩的精神是我们党动员人民、克敌制胜的一个极可宝贵的精神武器。

面临着新形势新任务，我们的党和大多数同志继承了党的光荣革命传统，发扬党的传统革命精神，永葆革命青春，为人民的事业作出了新的贡献。但不用讳言，我们的队伍里，也有极少数人经不住执政和改革开放环境的考验，在为自己、为子孙谋私利，甚至为达到利己的目的不惜丧失国格、人格；我们社会从整体上说是蓬勃向上的，但也有种种坏风气，在严重地损害着我们的事业。这种作风和毛泽东同志倡导的白求恩精神背道而驰。如果听任这些腐败现象和风气发展、泛滥，国家还有什么前途？社会主义还有什么希望？所以，值此伟大的国际主义战士白求恩同志逝世五十周年之际，我认为很有必要在全国范围里，广泛宣传白求恩同志的事迹，大力提倡白求恩的革命精神。这对我国人民，尤其是对青少年的思想、道德教育，对全国的社会主义精神文明建设，都是非常有意义的。

作为与白求恩同志共同战斗过的一名老战士，半个世纪以来，我一直怀念着他。白求恩的精神永远活在我心里，活在中国人民的心里。

（注：本文作者为聂荣臻，原刊于《瞭望》周刊1989年11月13日，第46期）

忆念伟大的国际主义者——白求恩大夫

加拿大优秀的共产党员白求恩同志为了支持中国人民的解放事业，尽了他最大的责任，于一九三九年十一月十二日晨五时二十分，安息在华北抗日根据地——晋察冀边区的山沟里到现在已经整整十周年了。

记得，抗日战争初期，他不辞一切辛劳，远渡重洋，冲破敌人层层封锁，到达了敌人深远的后方，同我们战斗在一起、生活在一起。十八个月中，他的工作精神成为我们的活的榜样！

虽然，他已永别了我们十周年了，但当我们的国家已像太阳升起在东方，号召着久经战斗的儿女，继承着过去艰苦奋斗的工作作风，为彻底消灭反动派、解放全中国、建设强大的人民的国家而奋斗的时候，我感觉到，这位真挚的同志，他始终没有离开我们，像活着一样。那么，他给我们什么好的榜样呢？我们要学习他什么呢？

一、崇高的品质——国际主义的精神：虽然，他是外国人，不懂中国语言，但他却很快了解了我们技术低下、人员少，他说："你们政治上是好的，但技术太差。"即在五台山亲自下手，当铁匠、当木匠，积极地协助我们建设医院，办轮训班，把他高明的技术和丰富的经验，一点一滴地教给我们所有的卫生人员。他常对我说："领导者就是教育家，必须用刻苦耐心的精神教育被领导的同志。"因之，他绝没有摆架子，瞧不起我们技术低的卫生人员、护士、医生……使我们技术水平得以迅速提高，配合了战争的需要，毛主席告诉我们："一个外国人，毫无利己的动机，把中国人民的解放事业当作他自己的事业，这是什么精神？这是国际主义的精神，这是共产主义的精神，每一个中国共产党员都要学习这种精神。"（《学习白求恩》）这就是他高贵的品质，产生了高贵而真挚的友谊的表现！

有一次有个伤员骨折没有上夹板，一直由火线送到后方，他见到立即发火，说这是"法西斯行为"，应送军法处处理，有人就背后说他态度不好，脾气太暴躁。这是因为我们工作没作好，对伤员不负责而严肃地批评我们，是亟求我们做好工作的真诚的表现，这同摆架子、任意要态度、以技术自傲、吓唬别人的人，毫无相同之处。只有从这一点去找（问题），我们才会真正从本质上去认识他对我们的帮助、对我们解放事业的关切，否则，就会陷在狭隘的民族主义的泥坑中。

二、善于工作，善于学习：他绝没有以自己高深的学识和丰富的经验而高傲，相反的，他时时在工作中收集医疗统计数字、典型事实，仔细而系统地加以整理、总结，而后才提出工作计划、方法，例如他的遗著《游击战争中野战医院的组织和技术》中的"卢沟桥"，便是把科学的方法和落后的农村实际情况相结合的范例，把红十字汽车换成毛驴子，汽车夫换成驴夫，创造了适合边区游击战争环境的工作方法，提高了战伤治疗的效率，这就是工作和学习密切结合的结果，也是他具有坚强的事业观点的体现。所以他深刻地了解了要达到自己崇高的理想——共产主义社会，必须精益求精，不断地提高自己的技术，推进自己的业务，把技术当作自己终身的事业，才能争取事业的成功、革命的胜利，实现崇高的理想。

我们有些人怎样呢？没有干几天工作就厌烦，喊叫学习，因为他认为在工作中没有什么可学习的东西，都是平凡的、老一套的，只有到学校才是真正学本事，因之，在治疗工作中多见几个感冒患者，就感到腻烦。你如说：虽是感冒，但各有各的不同原因和症状，就有不同的办法呢。他会不用思索地对你说：那本内科学翻烂了，有什么值得研究呢？在行政工作中一见统计数字、通知报告，日常来往事务，便认为是文书、管理员的事，由是有的人则整日斤斤计较个人生活、资格，别人对自己的态度、方式；有的人则对自己文化学习抓得紧，有兴趣，而以提高自己文化为目的，以工作为手段，而对日常本职工作则缺乏兴趣，敷衍塞责，你如说抓紧些，就说：我没有干过，干不了。这种人"对着白求恩同志应该愧死"（《学习白求恩》）。

三、忘我的工作精神：记得一九三九年九月，我同他一起到部队，到后方医院检查工作，他不怕一切劳累，更不怕一切肮脏，废寝忘食，像青年人一样，一早就起来，忙到半夜，上山下山，东村西村一个个病房检查伤病员，给伤员施行手术，用一切办法解除病人痛苦，你让他休息，他还不客气地说："是不是照我们今天所该做的事情做了呢？"

他病了，也未曾忘掉在火线负伤的同志，告诉照护他的同志说："凡是重伤员来了，就是我睡了也要叫醒我。"只要伤病员需要他，他就可以改变自己的生活常规，处处把伤员的痛苦放在自己的前面，几次同他一起工作、诊治病人、讨论一切问题时，那样具体，那样切合实际，深深地感动了我，教育了我，只有对伤病员同志比自己的父母、兄弟还要亲切些，才会从内心发出真正的责任感，从而积极地去解除他们一切的痛苦。

现在，有些医务人员强调正规化，强调制度，让病人一切需要来服从自己的规定，自己越痛快、越舒畅越好。有的强调药物万能，他这样对病人说："只（要）有潘尼西林、链霉素，你的病就有办法。"就是说，不是我技术不具（备），而是没有治你的病的特效药呢！他一切责任可以推给客观，强调客观的困难，让病人听天由命。这种一切为我打算，不为病人着想的唯我的人，是缺乏政治责任心的具体表现，我们应坚决反对他，应学习白求恩大夫一切为了伤病员迅速恢复健康而忘我的工作精神！（转载自《华北解放军报》）

（注：作者为原华北军区卫生部副部长叶青山，刊于《人民日报》1949 年 11 月 12 日。）

白求恩日记片段

白求恩日记片段之一

事情就这样简单。到延安去，我们得往西走 300 英里，徒步和坐骡车！得过河入陕西。到了陕西境内还得过两条大河（当然没有桥！），前面还有丛山，可是对于八路军的战士们来说，这一切好像是平淡无奇的。

在准备工作完成以前，我在这座空城（指临汾附近的高显，当时临汾尚未陷落）里逛了一阵，在街上用 1 元 4 角钱买了 1/4 只小猪做食品。不分昼夜，10~20 个一批的伤员陆续从前线退下来。城里已经可以很清楚地听见敌人的炮声。我们跟着一个 42 辆大车的运输队离开了高显。车上堆满了一袋袋的大米，每辆车由 3 头骡子拉着。天气很晴朗。我走在运输队前面，呼吸着凉爽干燥的空气。沿途有许多城镇，但是由于日军迫近的消息，居民把城门都关上了。我们只好在野外绕过了城墙再走上大路。

我们第一次遇到敌人是在下午，离开高显只有 4 个小时。我正在第一辆大车旁走着，忽然看见离我们左边两英里的地方有两架轰炸机向南飞行。它们立刻发现了我们。42 辆大车从前到后有 1/4 英里多长。附近没有高射炮，全省也找不出一架中国驱逐机。

我们一定使他们垂涎三尺！我们好比一群鸟，待在那儿等死。他们就果真下来打我们。有一架在高空盘旋，另一架从我们头上掠过去，离地面不过 500 英尺。我们的护送队里有 5 个大人和 5 个男孩，总共只有 5 支旧步枪。我和赶车的及护送的人一起从车旁跑开，伏在地上，附近找不到一块石头、一棵树可以给我们一点遮掩。

当我们望着的时候，第一架轰炸机回来了，飞得低到我能够用一个棒球击中它。它向运输队前面投弹，但是没炸中，差着 50 英尺的样子！它向最后面的年辆飞过去，又投下 4 颗炸弹，这次可见效了。这次我听见被炸伤的人的喊叫。

我们一共有 4 个人受伤，还有 15 头骡子被炸死，12 头骡子被炸伤。李少校立刻付现款给赶车的，赔偿被炸死的骡子，每头赔100 元钱（中国的 1 元约合 30 美分），我发现这是八路军一贯的政策：从老百姓那儿无论取什么东西都要给钱。

我医治了受伤的人，我们把炸死炸伤的骡子从炸坏的大车上卸下来。我们现在只剩下 20 辆车了，还不到出发时的一半。我们在满天阴云的黑夜里赶路，睡在大米包上，崎岖不平的路，震得骨头发疼。

说明：这篇日记是白求恩 1938 年 2 月 28 日写下的。记录了在去西安的途中经过临汾附近时，他们遭遇到日军飞机轰炸等事件。

（本文选自于维国、梅清海、齐明编译：《诺尔曼·白求恩文选》，金盾出版社 2015 年版，第 178 页。）

白求恩日记片段之二

3月2日

我们很早就动身。除了我们的步行伤员以外，路上看不到一个战士。

我在两辆大车前，看见有一个年轻人不时停下来休息，等我赶上他的时候，我看出他呼吸很急促。他是个年仅17岁的小伙子。他的褪色的蓝外衣上，有一大块血污的陈渍。我强迫他停住，给他检查。在一星期以前他的肺部被枪弹打穿，现在右前胸上方有一处严重溃脓的伤口，伤口从没有上过药。枪弹射进肺部，又从背部穿出去。胸腔里一直到前面第三根肋骨都流有液体，心脏也左移了3英寸。这个小伙子在这种情况下已经步行了一星期。要不是亲眼看见，我是决不会相信的。我把他放在大车上。当这辆骡车在那尘土飞扬、崎岖不平的路上慢慢地走着的时候，他躺在车上，很痛苦地咳嗽着。

今天我们只走了20英里。我们和紧跟在后面的日军之间没有一点遮拦。这实在使人毛骨悚然。

3月4日

今天是我的48岁生日。去年在马德里，今年在中国的河津。我给伤员们的手和胳膊上药包扎，借以庆祝一下。我发现所有这儿的伤员都是被忽略了的轻伤，其余的伤员都在路上死掉了。我在城里逛了一趟，看看"景致"：鱼贩子木桶里的活鲤鱼，摇晃着大耳朵的黑猪，不叫唤的狗，窗户上糊着白纸的房屋，满是虱子的炕。

3月5日

今天我们离开河津到黄河东岸的小村子。动身以前，我们听说日军已经把我们在36小时以前走过的那些村子烧成了一片焦土。

我们很迟才出发。晚上9点，我们在一片漆黑中走向河岸。到了那儿，我们看到了一个令人难忘的景象：上千人带着卡车、骡马、野炮和大堆的军用品聚集在那儿。都等着过河去陕西。这片营地附近像墙一般陡峭的山坡上闪耀着反射的火光。在两岸高耸的悬崖之间，河水在奔腾咆哮。巨大的冰块汹涌地滚滚而下，在远处黑黑的河面上发出撞击的声音。这是一片惊心动魄的奇景。

3月6日

我们到半夜才睡，就躺在河边的大米包上。清晨5点我们就起来了，天很冷，阴云密布。过河的沙船一共只有4条，这样至少要用4天工夫。我们听说日军离这儿只有10英里了。

3月7日

负责渡河的中国军官把我们放在最先离岸的那条沙船上。这船有50英尺长、宽25英尺，上面载着100人，还有野战炮、骡子和行李。我们一下子就被冲了半英里，冲过了岸上有上千名伤员聚集的地方，后来还是一个光身的男孩子跳到水里去，用一根竹竿做锚使船慢了下来。随后船夫就竭力使船离开奔腾的急流，慢慢地渡到对岸。

西岸防御得很坚固，有许多部队，有很好的战壕和地洞。我们看见了好几队野战炮兵。士兵看上去很精神。他们表现得有秩序、有纪律、有效率。他们穿着沾满尘土的褪了色的制服，颜色和那沾污了他们多少个日月的泥土一样。他们的装备看起来也还好，有许多自动步枪、轻重机枪和手榴弹。

我们走到附近一个村子，找了一所空房子住下。我开了两听牛肉片给大家当午饭。我记得最后看到的引人注目的东西是朱德将军的枣红色骏马。他曾把它借给在不久前访问晋北战场的美国陆军武官伊万斯·卡尔逊中校。卡尔逊把这匹马交给了我们的队长，托他还给朱德将军……

我们听说日军在我们离开河津一天以后就到了那儿。我们总算抢在他们前面走了……可是，河水还在上涨，日军明天到达东岸时，我担心那儿会有人被俘。河津离这儿只有5英里。我们预料岸上会有战争。天下着雨，很冷。

3月8日

我们的担心是有根据的。昨天下午4点，日本骑兵到了东岸。我领着一伙人到河岸去搬我们还没运走的物资，就在这时，敌人向我们发射机关枪，宣布他们已经到了对岸。枪弹在一百码以外落到河里。我们从河岸爬进一条战壕，从那里可以清楚地看见对岸的敌人。我们决定从一块没有遮拦的空地上跑过去。他们又对着那儿向我们开火。我们扑倒在地上，枪弹把泥土打得乱飞，就在我们自己的一门野炮面前。我们赶忙爬开，一点时间也没有浪费。我在这个过程中发现日军枪打得很准。

我们听说，对岸有两万名日军，包括四五百名骑兵、几队野战炮连，以及步兵。我们的物资大部分已经运过河了。我给许多伤员上了药。我还没有看见一个军医。他们都上哪儿去了？我发现国民党军队各师的医官只给本师的人治疗，此外一概不管。简直是疯狂！

这是这些天来最冷的一夜，地上有两英尺厚的雪。我们给自己找着一个洞（指西北地区人们居住的窑洞），又舒服，又暖和，但是我可怜那些躺在雪地上、一点遮蔽都没有的士兵。村子里除了小米以外没有别的东西吃。

日军的炮兵在不久以前到达了对岸，现在正在一刻不停地向我们轰击。我们的炮也在还击。爆炸声在群山中此起彼伏地发出奇异的回响。一颗日本炮弹把 300 英尺以外的一所房屋顶给轰掉了，但是敌人却不能伤害我们。我们的洞在山腰里，深入地下 40 英尺……

3 月 10 日

今天我们出发步行到 225 英里以外的西安。李非常惊人，他还不到 32 岁，过去曾经在上海拉黄包车，后来参加二万五千里长征的两条腿就像树一样。当我们到韩城的时候，他的精神仍然相当饱满。

今天是个行路的好天气。这儿的田野看着很不错，麦子已经有 4 英寸高了。我们一直在河的左岸走，路上碰到了许多临汾大学的学生。他们有 3000 人，被日军赶得七零八落，向着南面和西面奔逃，其中有的被俘获杀害了，有的在山里冻死了。我们所遇见的学生中有许多一心想投奔八路军在延安设立的抗大。

下午 5 点钟，我们到达韩城。城墙很高，我们是从西门进去的。我很高兴我们到了这儿。

3 月 17 日

忙得焦头烂额，没时间动笔。我们在韩城小住一个多星期，等候从西安派来的卡车。多么紧张的一星期！我给许多伤员治了病，同时又有许多患病的老百姓包围着我。我所治的病有肺结核，有卵巢炎，有胃溃疡，什么病都有。我在一个设在一座庙宇里的部队后方医院工作了几天以后，那儿的外科主任和全体护士都要求跟我到延安去……

3 月 19 日

卡车终于来了，我们随即出发去 200 英里外的西安。路上走了两天，现在我们在这儿了。已会见了艾格妮丝·史沫特莱，她是一位杰出的妇女。她一直在设法给延安的各医院运去医疗器械。我到西安后的第一件事是到浴室去。洗一次热水澡有难以形容的快感，这是一个月内第一次洗澡！

再过 4 天我们就出发到延安去。

说明：这部分日记是白求恩 1938 年 3 月 1 日至 19 日写下的。在途中，他们换乘骡车，过汾河，经绛州，到达山西省河津县，渡黄河，抵韩城，途中又遇到敌机轰炸。3 月 4 日，白求恩在河津度过了 48 岁的生日。3 月中旬，白求恩一行到达了西安。

（本文选自于维国、梅清海、齐明编译：《诺尔曼·白求恩文选》，金盾出版社 2015 年版，第 180~184 页。）

白求恩日记片段之三

我在那间没有陈设的房间里和毛泽东同志对面坐着，倾听着他从容不迫地言谈的时候，我回想到长征。想到毛泽东和朱德在那伟大的行军中怎样领着红军经过二万五千里的长途跋涉，从南方丛山里到达了西北的黄土地带。由于他们当年的战略经验，使得他们今天能够以游击战来困扰日军，使侵略者的优越武器失去效力，从而挽救了中国。我现在明白了为什么毛泽东会那样感动每个和他见面的人。这是一个巨人！他是我们世界上最伟大的人物之一。

说明：在白求恩同志 1938 年 3 月底到达延安以后不久，毛泽东同志亲切地会见了他，同他进行了长时间谈话。白求恩同志在会见后写下了详细的日记，大部分原文现已失传，这里发表的是保留下来的原文中的最后一节。

（本文选自于维国、梅清海、齐明编译：《诺尔曼·白求恩文选》，金盾出版社 2015 年版，第 201 页。）

白求恩日记片段之四

虽然延安是全中国最古老的城市之一，但我立刻觉出它是管理得最好的一个城市。在汉口，我所看到的是一片混乱和优柔寡断、昏庸无能的官僚政治的种种令人灰心的现象。而延安的行政部门却表现出有信心和有目的。我一路上在大大小小的城市里看惯了半殖民地半封建社会的种种景象——肮脏的住房、污秽的街道、衣衫褴褛的人们。可是在这里，在古老的建筑当中，街道是清洁的，街上一片蓬勃的气象，来来往往的人们好像都知道自己是为什么目的而奔忙。这里没有下水道，可是显然有一个有组织的处置污水的办法。

和中国其他的地方正相反，边区的行政当局正在推行一个全面的计划，将社会改革与组织区内的一切抗战力量的工作配合起来。这里有一所大学，吸引着来自全国各地的成千上万的学生。还有一个新成立的卫生学校，为部队培训医务人员。又有一个正在发展着的医院，医院的设备虽然简陋，这儿的政府却已经实行了人人免费医疗的制度。

说明：白求恩同志到达延安后，所见所闻使他非常兴奋。他从延安的新气象中看到了一个崭新的中国。这篇日记真实地反映了他当时的心情。

（本文选自于维国、梅清海、齐明编译：《诺尔曼·白求恩文选》，金盾出版社 2015 年版，第 203 页。）

白求恩日记片段之五

军事形势恶劣，倒不是在这个地区，而是在中国其他的地方。大家都相信汉口最迟在一两个月内一定会陷落。

我收到英国曼彻斯特《卫报》拍来的电报，要我给他们写几篇文章。好极了！我们可以用这笔稿费来购买药品和器材。可是我不知道什么时候才能腾出时间来写文章，我似乎连给马大夫和毛泽东写报告的时间都找不出来。但我必须挤出时间来！

　　说明：这是白求恩 1938 年 5 月 17 日写的日记，当时他正在去晋察冀五台县的途中。

　　（本文选自于维国、梅清海、齐明编译：《诺尔曼·白求恩文选》，金盾出版社 2015 年版，第 218 页。）

白求恩日记片段之六

　　我整天都在动手术，累得很。今天共做了 10 例手术，其中 5 例伤势严重。第一个伤员颅骨骨折，脑髓外露，必须切去 4 片碎骨和部分前脑叶。他是位团长，但愿他能够活下去。今晚他看来很好，没有昏迷，也没有瘫痪。

　　我确实累了，但是我很久以来没有这样愉快过。我很满足，我正在做着我所要做的事。我为什么不应当感到愉快呢——请看看我的财富：首先，我的每一分钟，从早晨 5 点半钟到晚上 9 点钟，都排满了重要的工作。这里需要我，何况，使我的虚荣心得以满足的是，他们已向我表明这种需要。我有一个炊事员，一个勤务员，自己的住宅，一匹日本骏马，一副雕鞍。

　　我没有钱，也不需要钱，一切均已供应。他们把我当作一个国王般的同志，给予各种无微不至的关怀和难以想象的礼遇。我能与这些同志相处和一起工作，真是莫大的幸福。对他们来说，共产主义是一种生活方式，而不仅仅是一种空谈或信仰。他们的共产主义简单而又深刻，其自然合拍——如膝骨之运动、肺脏之呼吸、心脏之搏动。这里能找到人们称为共产主义领导阶层的同志——布尔什维克。沉着、稳重、英明、有耐心；具有不可动摇的乐观主义精神；温文尔雅而又无情；爱憎兼有，大公无私，意志坚定，愤恨时绝不宽赦，而仁爱的胸襟却又坦荡得足以容纳下整个世界。

说明：这封信白求恩写于冀西巡回视察途中，时为 1938 年 8 月 21 日。

（本文选自于维国、梅清海、齐明编译：《诺尔曼·白求恩文选》，金盾出版社 2015 年版，第 256 页。）

白求恩日记片段之七

这是安静的一天。只有 3 个手术——2 个截肢手术、1 个眼部肿瘤摘除。1 个截肢手术用了输血的方法。中国同志看了很惊异，一开始，我几乎在中国医生和护士当中找不到一个输血的人。后来，当我自己输了一次并让他们看到没有什么副作用的时候，我才把他们说服。现在，这方面已没有什么困难了。

那个腿部切除的男孩和那个上校，恢复得都很好。我也感到十分高兴。我的一个手指受到感染——不戴手套而在肮脏的伤口动手术，感染几乎是不可避免的。这是两个月来第三次感染了。这些战士是非凡的人物。他们不是什么常备军，他们不过是"穿着军装的劳动人民"罢了。八路军战士平均年龄是 22 岁。游击队员中，许多人年龄是 30 岁左右。有些是 39、40 岁。他们通常是些大个子，六英尺高，强壮而黝黑，一举一动又沉着，又有明确的目的性，有一种果敢的风度。为他们服务，确实是一种幸福。在我为他们换了药之后，他们总是弯腰深深地鞠一个躬。那个男孩的父亲甚至跪在地上叩头表示对我的感谢。

说明：这是 1938 年 8 月 22 日，白求恩同志在冀西巡回视察期间写的日记，字里行间洋溢着对中国人民的真挚感情。

（本文选自于维国、梅清海、齐明编译：《诺尔曼·白求恩文选》，金盾出版社 2015 年版，第 257 页。）

白求恩日记片段之八

董略好，可是我们所有的人都疲乏了。在过去这几个月里，伙食不能算太好。我们都有点贫血。我的耳朵一直不舒服。我的牙也不好，得治一下。我想到西安有个牙医，但是天晓得我哪一天才到得了西安附近。

已经把我关于战地医疗队在前线给王震旅长的部队所做的工作结果的报告送给了毛泽东和聂荣臻。我们现在已经证明了我们的见解不错。我在曲回寺后方医院检查了所有在前线动过手术的伤员，结果我发现：71 个动过手术的伤员里只死了一个！伤员中有 3 个是日本人，我们已经把他们送回了他们的防线。虽然在我们的医疗队和后方医院之间没有能换药的救护站，可是 1/3 的伤员到达医院时一点感染的迹象也没有！在这儿这是一件空前的事。这是一个巨大的进步，但是我们还可以做得更好些（顺便记一句，日军对我们的战士使用了催泪弹和喷嚏弹），现在这一点是肯定了：医生在后方等待伤员的时代已经过去了。医生的工作现在是在前线。

重要的一点：两个同样腹部被子弹射穿的伤员得到了同样的外科治疗。一个活了，一个死了，这是什么原因？第一个是在受伤后8个小时动的手术，第二个——在受伤后 18 个小时……生死之差就在 10 个小时。

在战斗暂时停止的时候，战地医疗队可以在后方医院工作。在伤员过多、随军的军医应付不了的时候，他们应该随时上前线。而有 200 人以上参加的战斗，通常总是这种情形。

我们总算向前走了一段很长的路了！

说明：1938 年冬，白求恩参加了广灵 - 灵丘公路伏击战的医疗工作，在离火线很近的小庙里日夜抢救伤员。这篇日记是白求恩在战斗结束后回到杨家庄时写的。

（本文选自于维国、梅清海、齐明编译：《诺尔曼·白求恩文选》，金盾出版社 2015 年版，第 290 页。）

给聂荣臻司令员的信

给聂荣臻司令员的信之一

亲爱的同志：

　　我今晚收到林大夫给我带来的 301 元，这笔钱中 100 元是给我私人用的，102 元 2 角用于报销我买药的开支，另外 98 元 8 角是报销我已用于买纱布和棉花的钱。关于第一笔 100 元钱，我在 1938 年 8 月 12 日发给延安军事委员会的电报中已经回复，我拒绝接受这笔钱，并建议将它转变为一项专项的烟草基金以供伤员使用，我只能重申我的建议。至于其他两项，我不知道 102 元是否应该用来报销我买药的开支。至于剩余的用在棉球和纱布方面的 98 元钱，我出了 70 元，余下的是布朗大夫出的。这笔钱也是姜大夫于 6 月 6 日在离开岚县去五台之前给我的，所以它不应该是我花的钱，而应该是八路军的医疗机构，收据已经寄往延安的负责人了。

　　令人难以想象的是当其他大夫一个月仅拿 1 元工资、聂将军一个月只拿 5 元工资时，而我却能接受每个月 100 元的工资！

　　另外，因为我所需要的一切都已经免费提供了，所以我不需要钱。

致以同志般的问候！

诺尔曼·白求恩医学博士

1938 年 9 月 30 日

于松岩口

说明：白求恩继续拒绝延安军事委员会所提供的工资，这是他写给聂荣臻同志的信。

给聂荣臻司令员的信之二

晋察冀军区司令员

聂将军

亲爱的同志：

在第四军分区司令部巡视后，我想到应采取一些办法来鼓励参军，并应许可战士对服役资历享有适当的荣誉；此外，应（部分地）解决战士未经批准而擅离岗位，或竟至弃职脱逃的问题。在目前情况下，采取这些办法是有益的。我曾向熊司令员提出过下列的建议，在 1914–1918 年的战争中，这些办法是行之有效的：

1.服役袖章　在军服袖口的紧上方佩戴约一英寸长、1/4 英寸宽的红色或其他颜色的缎条或辫条，每一小条代表一定的服役年限，如半年。一个服役两年的战士应佩戴四条此种袖章。袖章可自下而上横缝，各间隔半英寸。

2.伤员袖章　与服役袖章相同，仅颜色不同，佩于另一只袖子上，应竖缝而不是横缝。服役期间每受一次伤，应佩戴一条此种袖章。

3.参军碑用石头制成，刻上入伍者的姓名。这种碑应置于全村最显眼处，最好竖在村口，使人人都能看到。碑上要留有充分余地，以便刻写后来的参军者的姓名。

4.战士家属的星徽　用约一英尺宽的纸制成，印成红、蓝、白三色，发给每户军属，挂于室内或室外。每有一人参军，发星徽一枚。

5.阵亡或殉职战士的母亲和妻子的纪念章：质量要好，用搪瓷制成，刻有战士姓名。

6.军葬　目前对在医院的亡故者，未予应有的重视和尊敬。应在每村单设墓地。在死者的家乡应集会举行简短的追悼仪式，政工人员和死者生前部队的代表应出席。死者的英勇行为应予表彰，并向村民宣传他为之战斗的理想，号召他们入伍补缺。乐队、军号对葬仪的气氛极为重要。

7.上级领导或医院医生应立即写信通知每一位阵亡或负伤致死的战士亲属。该信必须向亲属说明死因。如在医院亡故，医生应通知其所在连队的指挥员。再者，政府亦应给其亲属写送唁函。此信应精印或精刻在好纸上，以便悬挂或配以镜框。信上还应有军区司令员的签名。

8.一切住有逃兵或擅离职守者的村庄，应派政治上可靠和有战斗经验的战士代表向村民宣传军队的真实生活情况，以抵消逃兵们为临阵脱逃而编造的谎言所产生的有害影响。在可能情况下，应经常批准战士们回乡探亲，宣传他们目睹的日军的残暴兽行，使村民认清局势。

顺致同志敬礼

医学博士诺尔曼·白求恩

1938 年 10 月 22 日

于南平第四军分区

说明：白求恩同志不仅忘我地致力于八路军医疗卫生工作，而且十分关心军队建设。这封信中，他提议给八路军战士及其亲属颁发袖章、徽章、荣誉状等，以鼓励参军。

（本文选自于维国、梅清海、齐明编译：《诺尔曼·白求恩文选》，金盾出版社 2015 年版，第 267~269 页。）

老八路心中的白求恩

　　初夏的河北省平山县蛟潭庄常峪村，树木葱茏，炊烟袅袅，家家户户都过着殷实和谐的日子。白求恩当年救治八路军伤病员的手术台虽然难觅踪影，可他救治伤病员的情景至今还浮现在张业胜的脑海。

　　张业胜是北京军区总医院原副院长，曾经担任过白求恩医疗队司药，是与白求恩并肩战斗过的老八路。今年已93岁的老人，虽白发苍苍，却依然精神矍铄，思维清晰。听了记者介绍来意后，他便拿出了多年的研究成果和积累的丰富史料，仔细端详着陷入了深沉的回忆，这一切似乎把他带到了那抗日战火纷飞的岁月。

"美国大夫"来了

　　那是1938年10月29日，白求恩回到了八路军晋察冀军区司令部所在地蛟潭庄。聂荣臻司令员亲切会见了他，并向他介绍了当时的抗日形势。当白求恩听说王震旅长率领的359旅挺进雁北急需医疗队支援时，立刻要求把这项光荣而艰巨的任务交给自己。聂荣臻考虑到雁北地区气候寒冷，便把刚从日军手中缴获的一件航空服递给了白求恩。白求恩非常高兴，特意穿着这件航空服照了相，接着就离开蛟潭庄，到常峪村的军区卫生部筹备组建医疗队。

到常峪村时太阳已经快落山了，白求恩一出现在村口，村子里立刻沸腾了："美国大夫来了！美国大夫来了！"一传十，十传百，不一会儿工夫，这个百十户人家的村子就传遍了。

那时候，老百姓不知道白求恩的名字，也不清楚他是加拿大和美国共产党派遣来援助中国抗战的，而称他为"美国大夫"。第二天，白求恩就由翻译人员陪同，到老百姓家里看望伤病员、巡视医疗情况。孩子们感觉他和中国人不一样，争着靠近看他，白求恩微微一笑，不时地弯下腰和孩子们逗趣，显得特别亲切。

当时白求恩的手术室设在普通农家房间里。这次，白求恩在村里住了七八天，每天做两三例手术。最为人们称颂的是截肢手术。老百姓叫锯胳膊锯腿。村民们说："某某战士，被鬼子炮弹炸烂了腿，要不是美国大夫给锯掉半截，性命早就没了。"也有人说，这位大夫可厉害啦，好训人，医生、护士都怕他。其实这是白求恩看到当时一些医生、护士对伤病员不负责任或者医疗操作不规范而生了气，指责批评他们。

筹建模范医院

至今令张业胜印象最深的，还是白求恩筹建模范医院。1938年6月，加美援华医疗队队长白求恩来到山西省五台县耿镇松岩口村后，看到八路军晋察冀军区后方医院的大批伤员等待治疗，医院的规模、设备、技术人员及药品等又远远不能满足战争的需要，便积极建议创建一所比较正规的模范医院。虽然这是一个很好的意见，也非常需要，但由于当时处在敌人后方，游击战争不允许，所以将此建议报告了军区领导机关。聂荣臻司令员经过再三考虑，才同意建一所小型的示范医院试试。白求恩同志非常高兴，在他的亲自指挥下，只用了5个星期，模范医院就建成了。

张业胜说，白求恩对工作极端负责，对技术精益求精。有一次，医生林金亮因有急事从一个伤员旁边经过时未向伤员询问伤情，白求恩看到后马上把他叫回来，质问为什么不询问伤员的伤情。事后，他把医务人员叫到一起，给大家做了示范动作：他走到伤员旁边俯下身子，询问和近视伤员并亲切地安慰了几句话。白求恩说："对于这些负伤的前方战士，我们除了给他们以最大的关怀和技术处理，没有别的办法来补偿他们为我们所忍受的痛苦。"

然而，惨无人道的日本侵略者，于1939年9月25日，出动3万多人的机械化部队，在空军的配合下向我边区军民发起了"扫荡"，矛头直指军区首脑机关和后方医院。我军为了避其锋芒寻机歼敌，有计划地进行了转移，并在牛津岭一带和敌人展开了激烈战斗，击毙日本清水联队长，取得了胜利。

但敌人进到松岩口村后，进行烧杀抢掠，把村子烧得一干二净，刚刚建立起来的模范医院也被敌人烧毁。白求恩在难过、愤恨之余，也从中得到了深刻的经验教训，决定把建立模范医院的计划，改为建立流动的"特种外科医院"。记者来到白求恩国际和平医院白求恩纪念馆，就见到了他当年发明的"卢沟桥马驮子"：一个长方形的木盒子，里面分许多格子，可装常用手术器械和各种药品。从马背上放下来就可以展开成一个手术台，收起来就是一个小小的流动医院，这样就大大增强了场地转移的灵活性。

与伤病员同甘共苦

张业胜老人说：有人认为白求恩脾气不好，实际上他是看不惯医护人员不负责和对技术粗枝大叶的态度。刚到松岩口后方医院的时候，一次，一名护士随同他给八路军伤员换药，双手托着换药盘，时间长了，这个护士的一只手不自觉地放进了口袋。白求恩发现后，停下手里的工作，用严厉的目光盯着这名护士。这名护士的脸唰地一下红了，立刻把手拿了出来。

还有一次，白求恩到病房去，正赶上一位医生给八路军伤员换药。那位医生动作比较重，用镊子夹住伤口的敷料，"嗤"地一下撕了下来，疼得那个伤员"哎哟"叫了一声。白求恩见到这种情景，很不满意，严厉地批评道："伤员的伤口是肉，不是树皮，懂吗？你为什么不可以动作轻一点儿！"说完，他俯下身子亲自为伤员换药。

张业胜老人说，白求恩无论在什么情况下，都始终与八路军伤病员同甘共苦。在晋察冀后方医院里，白求恩是资历最老、年龄最大的医务人员。晋察冀军区领导为照顾他，常把从日军那里缴获的香烟、罐头、饼干给他送来，可白求恩每次都是原封不动地送给八路军伤员。

党中央对白求恩在前线的生活十分关心。毛主席在给聂荣臻的一封电报中指示："请每月付白求恩大夫一百元。"白求恩接到转来的电报后十分感动，并在日记中写道："我没有钱，也不需要钱，可是我万分幸运能够来到这些人中间，和他们一起工作。对于他们，共产主义是一种生活方式，而不是说一套或想一套。他们的共产主义是又简单，又深刻，象膝关节颤动一样的反射动作，象肺呼吸一样用不着思索，象心脏跳动一样完全出于自动。他们的仇恨是不共戴天的，他们的爱能包容全世界。"

1939年11月11日黄昏，这是白求恩生命的最后时刻，他从上衣口袋里抽出自来水笔，用颤抖的手写下了遗言：

"亲爱的聂司令员：

我今天感觉非常不好，也许就要和你们永别了。请转告加拿大和美国共产党，我在这里十分愉快，我唯一的希望是能多有贡献！请转告加拿大和美国人民，最近两年是我生平中最愉快、最有意义的时日……

我不能再写下去了。让我把千百倍的谢忱送给你和其余千百万亲爱的同志！"

1939年11月12日清晨5时20分，诺尔曼·白求恩大夫为了中国人民的解放事业，为了世界反法西斯的正义斗争，献出了自己宝贵的生命。

12月21日，毛泽东主席发表了著名的《纪念白求恩》一文，高度评价了他对工作的极端的负责任、对同志对人民的极端的热忱和对技术精益求精的精神，并发出号召："我们大家要学习他毫无自私自利之心的精神。从这点出发，就可以变为大有利于人民的人。一个人能力有大小，但只要有这点精神，就是一个高尚的人，一个纯粹的人，一个有道德的人，一个脱离了低级趣味的人，一个有益于人民的人。"

记者怀着对白求恩的敬仰之情，来到了位于石家庄的华北烈士陵园白求恩墓前，深深地行了鞠躬礼，心中默默祝愿：让白求恩精神永驻，让白求恩精神世代传承。

（注：作者为毛磊、苏银成，刊于《人民日报》2015年5月10日。）